読む・書く・考える

IQ200の「学び」の方法

矢野 祥

祥伝社

読む・書く・考える
ＩＱ２００の「学び」の方法

その少年、矢野祥《やのしょう》は――
3歳でショパンのメロディを弾《ひ》き、
4歳で「IQ（知能指数）200以上」と測定され、
9歳で4年制大学に入学した。
米国史上最年少での大学入学は大きなニュースとなり、
祥は「ワンダー・ボーイ」（wonder boy 天才少年）と呼ばれた。
彼のような「天才」を、英語では
ジーニアス（Genius）
ハイリー・ギフテッド（Highly Gifted）
プロディジー（Prodigy）
などと言う。

9歳。イリノイ州のロヨラ大学に入学

21歳。二つの博士号を取得してシカゴ大学大学院を卒業

こんな日本の諺《ことわざ》がある。

「十歳《とお》で神童、十五《じゅうご》歳で才子、二十歳《はたち》過ぎればただの人」
（幼少時に優れた才能を見せても、多くは成長につれて
平凡な人になってしまう）

しかし、祥の場合に限っては、この諺は当てはまらなかった。
彼はその後、大学院に進み、二つの博士号を得て、
22歳になった現在は、医師として多忙な日々を送っている。
「神童」は「ただの人」で終わらなかったのだ。
いやむしろ、天才はさらに進化したのかもしれない。

現在。小児科医としてシカゴ大学大学病院に勤務

祥は、こんなことを言う。
「私たちは一刻一刻、自分で学びながら
人生という旅をしている。
人生は毎日が『学び』なのです」
〝IQ200、9歳の大学生〟は、
どんな「旅」をして、
どんな「学び」を続けてきたのだろう。

目次

プロローグ 13

■やはり「常識との戦い」を味わった 14
■日々のすべてが「学び」となる 18
■勉強の目的とは 23

1章 「学び」とは何か 27

■両親は小さな私にどう接したか 28
■「一人で過ごす時間」が私に与えたもの 30
■誰もが生まれて「できること」がある 37
■そこに目標はありますか？ 42
■感動すること、熱中できること 47
■「知りたい」と思う気持ちが、何かを引き寄せる 51
■「やってみよう」「私にはできる」と思うこと 54
■それでも「分からない」ことばかり 59
【家族から①】矢野家の家庭教育――陳 慶恵（母） 63

2章　読む　71

食品の表示ラベル1枚から　72
私が初めて読んだ本　75
何を基準に「読む」べきか　76
文字を目で追うだけが「読む」ことではない　79
「遅く読まない」ための方法　83
人は「記憶の情報源」を忘れてしまう　86
読書とは「もう一人の自分」による疑似体験　91
本から勇気と希望をもらう　92
想像と空想の力　95

3章　書く　99

まず「自分は何者なのか」を書いてみる　100
「書く」とは、自分の思いを「外に出す」こと　106
母に叱《しか》られて書いた「反省文」のことなど　110
「本当の自分」をどうやって表現するか　113

【家族から②】兄と私——矢野小百合（妹） 118

4章 考える 125

■「考える」とは、どういうことか 126
■想像する、分析する、創造する 128
■頭の中を習慣づける 132
■一度は「考えて」みよう 134
■「知る」と「分かる」と「分からない」 137
■「質問」が生まれる瞬間 139
■自分には何ができるのか、を考える 141

5章 習う 145

■情報を記憶するだけでは「習った」と言えない 146
■なぜ学校で習ったことは覚えられないのか 148
■習うことは生きること 151

■■「学校で教わることは役に立たない」のか？　153
■■授業のための勉強法　156
パズルのように情報を区切り、重要なものからつなぎ、まとめる　157
予習から始まる　160
授業中のメモは最小限でいい　161
「引き出し」から情報を取り出す　164
■■■すべてがあなたの先生になる　169
■■■読む・書く・考える　170
■■■立ち止まって感じること　172
【家族から③】「9歳の大学生」の現在——矢野 桂（父）　174

エピローグ　181

■■■■一人の時間で自分を見つめる　182
■■■■失敗を責めない　185
■■■■勇気とは何か　188
■■■■道は開ける　191

装幀／中原達治

プロローグ

■やはり「常識との戦い」を味わった

『僕、９歳の大学生——父・母・本人、「常識」との戦い』（２００１年、祥伝社。現在は新潮文庫『僕、９歳の大学生！』）という本を出版してから、12年の月日が経《た》ちました。

その間、私はいろいろな方に助けられ、目標としていた医学科学者になるための大学院課程を終え、18歳で生物学博士号、そして21歳のときに医学博士号を取得しました。21歳で二つの博士号を持つのは世界最年少とのことで、家族はもちろん多くの方が喜んでくれました（博士号という学位は国によって制度が異なり、日米間でも単純に比較することはできません。ただし複雑になるので、この本では『博士号』もしくは『博士』で進めます）。

９歳のときに出した本には、サブタイトルに「常識との戦い」とありましたが、そのころの私は自分の勉強に夢中で、周囲が私に対して驚きや違和感を覚えていたとしても、自分自身ではさほど気になりませんでした。それは両親をはじめ、私をやさしく見守って助けてくれた方々のおかげです。
『僕、9歳の大学生』にも書いたように、父と母は、私が9歳で大学に行くことを「不思議でも不自然でもない、当然のこと」として受け止め、「他の人は祥《しょう》のことをよく知らないんだから、気にしなくていい」と励まし、助けてくれたのです。私は2000年秋、アメリカ・イリノイ州シカゴにあるロヨラ大学に入学しました。

しかし、12歳のときにロヨラ大学からシカゴ大学の医学大学院に入学するころには、少しずつ「常識との戦い」を感じるようになりました。

アメリカで医者になるには、4年制大学を卒業してから、さらに医学大学院で4年間、勉強しなければなりません。その後のトレーニングも入れると、6年はかかります。その大学院へ進むためには全米での統一テストがあり、入学するのは一般の学生にとって大変な狭き門です。

また、医者になるには、学力だけでなく、性格など適性を重んじるため、2次、3次にわたる面接もクリアしなければなりません。

私が12歳の子どもということで、「その年齢で患者の気持ちが分かるのか」「勉強だけできて、人間性が成長していないのではないか」「他の医学生とは年齢が違うが、一緒にやっていけるのか」など、面接ではさまざまな質問をされます。ロヨラ大学の先生方も、私が卒業後そのまま医学大学院に入れるとは思っていませんでした。こうしたことから私は「常識との戦い」を感じたのです。

しかし幸いなことに、私は2003年、シカゴ大学大学院に受け入れてもらうことができました。12歳での大学院入学はシカゴ大学でも初めてのことで、大きなニュースとなり、世界各国で報道されたことを覚えています。ちなみにこのときは、「法的に16歳以上でないと患者を診《み》ることはできないので、入学当初は生物学博士課程を履《り》修《しゅう》する。そののち、患者を診る医学課程に進む」という条件付きの入学でした。やはり私の入学は「常識」ではなかったのです。

実際、医学大学院に入学すると、当たり前のことですが、周《まわ》りの学生のほとんどが〝大人〟でした。20代後半から30代、中には40代の人もいます。そんな方々が同級生なのですから、12歳の私は年少で、異例の存在だったわけです。

他の学生と話すと、話題はどうしても自分たちの結婚式のことや子どものこと、住

12歳で大学院に入学。この6年後には最初の博士号を授与されることになる

宅や学生ローンのことなどになります。そうなったときは、やはり私も年齢の違いを実感せざるを得ませんでした。

他の学生には私は幼《おさな》く映りますから、12歳の少年である私にとって、たとえば人体解剖のクラスや、産婦人科関係のクラス、性病に関するクラスなど、他の学生は「12歳では早すぎないか」と思うこともあったようです。

ところが、私自身はまったく問題ありませんでした。病気の原因や人体の構造など事実を習うことに「よい・悪い」はなく、習った事実をどのように受け止めて使うかは本人によるからです。私は、医者になり、患者を助けるために必要な知識を習っているという認識でしたので、とくに不自然に感じることはありませんでした。

■日々のすべてが「学び」となる

大学院での勉強は、机で学ぶだけでなく、人体解剖や患者とコミュニケーションを図るといった実習もあり、かなりハードなものです。ただでさえ毎年退学者が出るほどですから、私が問題なく卒業できると思っていた人は少なかったようです。

そのうえ、とくに患者とやり取りする人間関係の面では、「勉強だけしている人（私のことを指します）は頭でっかちで、他人とのコミュニケーションがうまくできないだろうし、他人への思いやりもない」というステレオタイプのイメージが手伝って、やはり「祥はうまくやっていけないだろう」と多くの人が捉《とら》えていました。

それは医学博士課程に限ったことではありません。生物学博士課程のほうでも、「自分で研究課題を見つけ、研究結果を出せるのか」「実験で浴びる放射能や危険な薬品の扱いは問題ないか」など、やはり私に対して心配があったようです。

このように今、振り返ると、たしかに私にとって大学、大学院を通しての生活は、周りの人たちが持つ「常識」の一つひとつと戦ってきたという一面を否定することができません。

それでも、約12年間の大学、大学院生活は、あっという間でした。「もっと勉強したかった、知りたかった」と思うことがいろいろあります。また正直に言えば、同じ実験を何度も繰り返したりするときは「早く次に進みたい」とか「他に知りたいことがある」とか、退屈に感じたり、やきもきすることもよくありました。

２０１２年９月に大学院を卒業した私は、シカゴ大学大学病院に勤務し、現在に至っています。学生から社会人となったわけですが、今は医師として、小児科と神経科、二つの専門医の資格を取るべく日々を送っています。同時に、将来自分が取り組もうとする医学研究分野を絞り込んでいるところです。脳神経やその成長過程などで起こる病気・障害などを学び、遺伝子に関する知識も生かした研究ができればと思っています。

医師として、私は毎日さまざまな患者さんと接します。すると病気や怪我《けが》、生命といった、いわゆる医者的な事柄だけではなく、患者の家族、教育、社会問題などについても考えさせられるのです。12歳で大学院に進むとき、周りの人が「他人とのコミュニケーションが取れるのか。〝大人〟の人間関係を理解できるのか」と私を不安視しましたが、今はそれを実感するようになりました。

私は今、自分のやりたかった職業に就《つ》き、毎日が充実しています。そして、周りの先生、先輩、患者さん……多くの方からいろいろなことを教えていただき、学んでいます。「学び」とは、専門分野を研究することだけを指す言葉ではありません。日々

少年から青年へ――“天才児”の学びの道

1990年	0歳	10月22日、米国オレゴン州ポートランドにて日本人の父・桂と韓国人の母・陳慶恵との間に生まれる
1995年	4歳	飛び級で小学校に入学
1999年	8歳	米国の2年制大学で受講開始
2000年	9歳	4年制の私立ロヨラ大学入学 オンライン学術誌『BMC Evolutionary Biology』に論文掲載
2003年	12歳	ロヨラ大学を最優等（summa cum laude）で卒業。主専攻は生物学、第二専攻は化学 シカゴ大学医学大学院の医学科学者養成プログラムに最年少で入学 ※「医学科学者養成プログラム」とは、医学博士と科学博士の2つを取得する特別プログラム。国家健康機構米国国立衛生研究所（National Institutes of Health）他の奨学金を受ける
2009年	18歳	シカゴ大学大学院生物学博士号取得（専攻は分子遺伝子学と細胞生物学） アメリカ生物学会賞受賞 『Molecular Microbiology』に論文掲載
2012年	21歳	シカゴ大学医学大学院を卒業。医学博士号取得。シカゴ大学大学病院に勤務する

のすべてが「学び」の場になるのです。

人生は、多くの人が言うように「旅」だと思います。あるときは危険な冒険のような旅、あるときは平凡な旅かもしれません。ただ共通しているのは、それぞれが「自分自身の旅」であり、誰も「明日、何が起こるかすべてを知っている人はない」のであり、また、どんな旅であれ「時間が平等に過ぎていき、終わりがある」ということです。他の誰かがあなたの代わりに旅をすることはできないし、100%予定どおりに進む旅もありません。また、永久に続く旅もありえません。

私たちは、毎日新しく経過する時間、変わっていく隣人、変わっていく自分を、認識し、経験しながら生きています。一刻一刻、自分で学びながら旅をしています。意識する・しないにかかわらず、毎日が「学び」なのです。

「自分は変わらない」と言う人もいるでしょう。しかし人間は変わるのです。たとえば、すべての人の細胞は日々老いていっています。微細な変化と思うかもしれませんが、それでも細胞の老化は、日々刻々、人間が変化するという厳然とした事実を示しています。「今日の自分」は「昨日の自分」から変化している。そして「今日の自分」と「明日の自分」も違うものなのです。

あるいは、「自分は変わらない。だから学ぶ必要もない」と言う人もいるかもしれません。ところが、そうは言ってもつねに周りが変わっているのですから、それに対応する新しい旅の仕方を否応《いやおう》なく学ばなければなりません。ですから繰り返しますが、私たちは生きている限り、意識している・していないにかかわらず、毎日が「学び」なのです。

■ 勉強の目的とは

この本では「学び」について、私が今までの学生生活を振り返って、あなたに大切で役に立つのではと思うことを書いてゆきます。ただし、万人に役立つような「すぐ勉強ができるようになる方法」とか「テストの得点を上げる技術」といったものではありません。

学校教育は、多くの学生をなるべく効率よく、一度に教育しようとするシステムです。したがって、その成果もテストというもので一律で測ることになります。しかし現代社会は、個人それぞれの個性や能力が違うだけでなく、個々人の育った家庭環境も違えば、価値観も経済状況も異なるように、多様化しています。こうした状況で同じ内容を一度に教えても、すべての生徒が同じ成果を出せるはずはありません。

それに、勉強の目的も、以前のように「いい大学に入って、いい会社に入る」という一律的な目標が意味をなさない時代です。勉強しても仕事に就けないことが、半《なか》ば当たり前になってきました。学校のテストがよくできても、大学を出てから「何をやればよいのか分からない」「何がしたいのか分からない」「教えてもらっていないのでできない」と、途方にくれて誰かの指示を待つのでは、自分自身で旅をすることなど不可能です。

では「個性」を第一にして、周りと協調せずに、好きなことだけをやればよいのかと言えば、それもどうでしょうか。個性第一が極端になると、「学ぶ必要がない」人、もしくは「人から教わることができない」人になってしまいそうです。

この本をお読みになったあなたが、生きていくうえでの「学び」について意識していただけたら、私にとって無上の幸いです。

自分がどのような人間で、どのような旅を望み、そのためにはどのような「学び」が日々必要なのか。また、どのような「学び」をすれば、自分らしさや自分の能力が発揮できて、他の人に役立てるのか——そうしたことを考えるきっかけになる一冊であってほしいと願っています。

自分を見つめ、自分を大切にして、自分自身の旅を続けるのは、決して「利己主義的」なことではありません。むしろその反対です。

そして「学び」の生き方を通して、毎日、少しでも何かに気づいたり、驚いたり、感謝したりできる。そんな豊かな旅を、あなたにしていただきたいのです。

1章

「学び」とは何か

■両親は小さな私にどう接したか

私の生い立ちについては、前著『僕、9歳の大学生』に記していますので、本書では深く立ち入りません。

今、言えるのは、私はとても恵まれていたということです。

私は日本人の父、矢野桂《かつら》と、韓国人の母、陳慶恵《チンギョンヘ》の子としてアメリカのオレゴン州で生まれました。両親ともに、親類縁者はそれぞれ日本と韓国に在住していましたから、1996年6月、私が6歳のときに妹（両親にとっては長女）の小百合《さゆり》が生まれるまで、家族3人で暮らしました。父も母も初めての子育てなので、知らないことばかりで大奮闘だったようです。

父は美術に造詣《ぞうけい》が深く、母は音楽を能《よ》くします。そのおかげでしょう、二人とも私のことを感性、創造性、思いやりなど、「情操面で豊かであること」を大切にして育ててくれました。

自然や絵画や音楽に触れること。それらから美や独自性（オリジナリティ）に気づくこと、感じること。そして、感じたことを自分でも絵や音楽で表現しようとすること——両親は、私にそうした一つひとつが楽しいものなのだ、と経験させてくれたのです。

母は、とても明るく、なぜかどこに行っても子どもになつかれるタイプの人です。私には本を読んでくれたり、虫や動物を見せてくれたり、粘土《ねんど》や積み木をするなど、いつも嬉々《きき》として一緒に遊んでくれました。また、植物を育て、動物を飼育することを通じて、自然を大切にすることも母から習いました。

父も母もクリスチャンで、一緒に聖書も読みました。聖書というと宗教・信仰のイメージが強いのですが、我が家ではそうではありません。私が幼いころのこと、父が聖書を基《もと》に簡単なストーリーをつくって話してくれて（私に分かりやすいように、父なりにアレンジをして）、私に質問をするのです。

聖書にはさまざまな出来事が綴《つづ》られていますが、父は自分がつくったストーリーを話しながら、ある出来事で登場人物が何かしらの判断を迫られるような場面になったとき、話をいったん区切って、私にこう質問します。

「こういうときは、祥はどうするのがいいと思う?」

私が自分の考えを言うと、父は「そうかな? 父さんはこう思うよ」とか、「なるほど、祥はそう考えるのか」などと返してくれます。そこに母も加わって、いつも3人で話し合うかたちになりました。あるときは私のほうからストーリーをつくり、みんなで話し合うようなこともあったと記憶しています。

また、アメリカの学校ではあまり教えていなかったのですが、父は早くから「国連憲章」（Charter of the United Nations）や「世界人権宣言」（Universal Declaration of Human Rights）も読むように、と渡してくれました。これらを通じて、私は道徳や社会性を学んだと思います。

■「一人で過ごす時間」が私に与えたもの

私は4歳のときにＩＱ検査を受けました。ＩＱ145以上の学生を受け入れる私立学校の入学テストで、ＩＱ検査の他にアカデミックテスト（数学、リーディング、論理的思考を測定するテスト）、心理検査、面接があります。

このとき私のＩＱが、200を超えていることが判明するのですが、それよりも担当された心理学専門家の先生は、付き添った両親にこう告げたそうです。

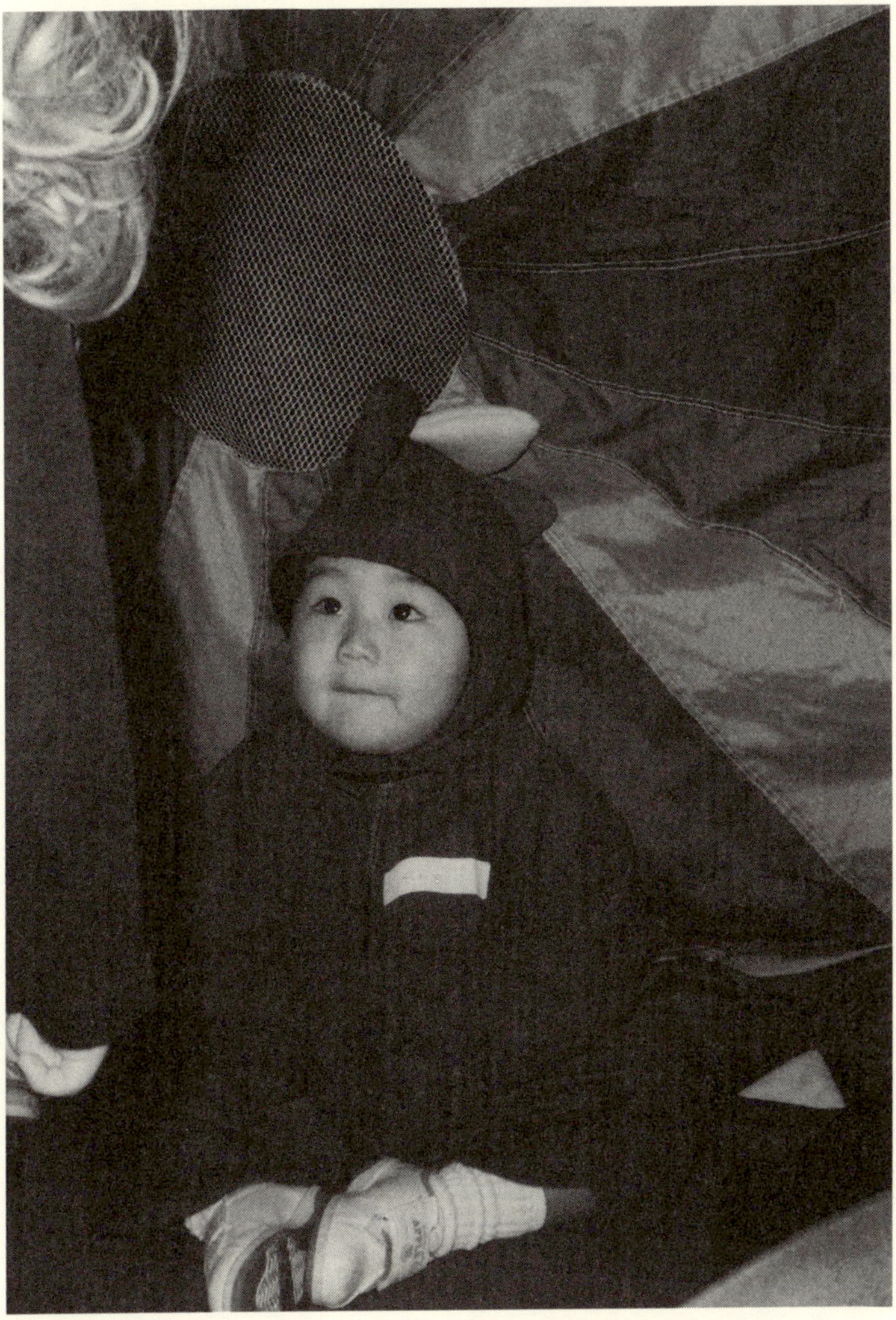

2歳になって間もないころ、ハロウィンで。数カ月後には文字を理解しはじめる

「祥は情緒が安定し、社会性がある。知的能力が優れているだけでなく、社会的にも成功するでしょう」

「情緒が安定し、社会性がある」かどうか、当時の私にはもちろん判断のしようがありません。ただ、私は幼いころからとてもポジティブな性格だったようです。そのころの写真やビデオには、いつもニコニコと笑い、楽しそうな顔をしている自分がいます。赤ん坊は親の真似をするといいますが、いつも明るい母と一緒に、驚いたり感動したりしながら遊んでいました。

父はサラリーマンなので、家族のための時間ができるのは、毎日の帰宅後か週末に限られます。そうした時間に――つまり夕食の前や土日になると、私は本や新聞を読んでいる父のそばに自分も本を持っていって寝転び、一緒に本を読んでいました。

絵本のような自分用の本だけでなく、辞書や美術史に関する本など、時間があると何でも読んでいたようです。「祥は食事のとき、醤油瓶《しょうゆびん》のラベルに書いてあること(原材料や成分、内容量、製造者名などなど)まで、ご飯を食べながら読んでいた」と、今でもよく笑い話で言われます。

時間があれば何でも読んでいた。父と開いているのは聖書（上）

私の両親は、多くの方が想像する姿とは反対で、勉強の面で私に「勉強、勉強」と言ったことはありません。私が宿題などで夜、寝るのが遅くなるようなときは、「無理しなくていいから寝なさい」と、よく言われたものでした。その理由は「（宿題の内容を）理解しているならそれでいい。レポートの作成で遅くなって体を壊す必要はない」というものです。

私には日課のように、「一人で静かに過ごす時間」が与えられていました。毎日1〜2時間、幼いころからずっとそうでした。この「一人で静かに過ごす時間」を、私はクラシック音楽を聴きながら、本を読んだり、何かをつくったりして過ごしました。時間帯が決まっているわけではなく、また、「今から祥の一人の時間ですよ」と言われるわけでもありません。私がおもむろに何か（たとえば読書）を始めると、両親は私がその「何か」を終えて両親に話しかけるまで、邪魔をせずにいてくれたのです。子どもにとっては周囲にさまざまな刺激があり、それによって興奮状態になることもよくあるのですが、少なくとも私は、この「一人で静かに過ごす時間」を持てたことで自分を落ち着かせ、なおかつ、一人で何かに集中することが自然に身についたようです。

冒頭に「私はとても恵まれていた」と書きましたが、両親が私に用意してくれた環境こそ、「恵まれた」ものだったと思います。勉強を強制しなかったこと。私が何かに集中できる時間をつくってくれたこと。そのため私は、自分の好きなように、伸びび伸びと知識を吸収することができました。そして吸収した新しい知識を話すと、両親は真剣に聞いて一緒に喜んでくれました。そのおかげで私は「知る意欲」や「学ぶ喜び」を覚えたのです。

それと同時に、私は比較的早くから、自分に対するアイデンティティを持ったと思います。先にも書いたように、4歳で「IQが高い」と判定され、また「ピアノの才能も豊かである」と言われましたが、私は幼いながらにそれをごく自然のことと受け止めたように思います。「そうか、僕はそういう人間なのだ」と。

IQは、低いよりは高いほうがいい。私自身もそう思います。しかしその高いIQとは、あくまで可能性であって、使いようによっては悪にも善にもなる。だからこそ自分は、自分の可能性を「善」のために使いたい。高い可能性を生かすのは、その持ち主の責任だ――私はそう自覚するようになりました。

アイデンティティとは、自分は何者であるかを知り、なおかつ自分は自分であって他の何者でもないことを確認することです。「個」の自覚と言ってもいいでしょう。それはまた、自分以外の「個」を認めることでもあります。

たとえば日本語で「ユニーク」と言うとき、そこには「風変わり」「みんなと違う」といった否定的なニュアンスが含まれることが少なくありません。しかし英語の「ユニーク」(unique)は褒《ほ》め言葉に使われます。「スペシャル」(special)も「ディファレント」(different)もそうです。「風変わり」で「みんなと違う」のは、その人が唯一無二の存在であり、掛け替えがないことの証明であって、人間の自由と個性を尊重する欧米社会では肯定的に受け止められます。

私の父と母も、私にこう教えてくれました。

「すべての人はユニークでスペシャル。もちろん祥もユニークでスペシャル。だから他人のコピーのような生き方をしないで」

アメリカという国は世界中からの移民がつくり上げた多民族国家なので、学校では多種多様な文化があることを教えます。また過去から現在に至る人種的偏見や、偏見に基づく社会問題も教えます。そうした授業を通じて、生徒は自分のアイデンティティを認識し、同時に自分とは違う文化を違和感なく受け入れるようになるのです。

私は両親や学校の教育のおかげで自分と他者の違いを知り、そして「こんな自分にはどんなことができるのだろう」と考えていました。だから早い時期にアイデンティティを持ち、自分の可能性を「善」のために使いたいと考えるようになったのだと思います。

■ 誰もが生まれて「できること」がある

「ダイバーシティ」(diversity)という言葉があります。日本語で「多様性」と訳され、昨今は日本でもこの言葉が市民権を持ったと聞きますが、ではアメリカの一般社会で「ダイバーシティ」の重要性が強調されはじめたのはいつごろからでしょう。それは私たちの世代(1990年代生まれ)が、まだ小さかったときのことだと思います。そして私たち世代が成長するにつれて、ますますその重要性は高まりました。

学校で多種多様な文化を教えると前述しましたが、まさしくそれが「ダイバーシティ」を子どもたちに教える行為だったのではないでしょうか。自分と違う人間に偏見を持たないこと。差別をしないこと。「みんながそれぞれユニークでスペシャルな存在であり、お互いに違うからいい。その違いを認め合おう」という趣旨でしょう。

実際、子どものころの私は「きかんしゃトーマス」や「セサミストリート」、「バーニー&フレンズ」に夢中だったのですが、それらには「ダイバーシティ」の考え方が共通しています。

「きかんしゃトーマス」には、主人公のトーマス以下、蒸気機関車のエドワードやヘンリー、ディーゼル機関車のボコ、客車のアニー、バスのバーティといった、それぞれ顔が違う「仲間たち」がたくさん登場して、さまざまな物語を生み出してくれます。「セサミストリート」では、あのビッグバードが《You are special. Everybody is special》（きみは誰とも違って特別《スペシャル》。みんなも誰とも違い特別）という歌を歌っていました。また「バーニー&フレンズ」の紫色の恐竜バーニーは《I love you. You Love me. We're a happy family》（僕は君が好き。君は僕が好き。そして僕たちはみんなで大きな幸せ家族）と歌っていました。

人間は社会的な生き物で、一人で生きていくことはできません。個人は社会との係わりの中で生きています。

たとえば私は「矢野祥」という、世界でたった一個の存在です。しかし存在は一つでも、そこには二つの「イメージ」があります。それは私自身が私を見ることで見えてくる「矢野祥」のイメージと、周りの社会から見た「矢野祥」のイメージです。本当の自分を理解するためには、この両方のイメージを知らなければなりません。

そして両方のイメージを知ろうとするとき、多くの場合は「自分」と「他人」を比較することになります。

自分と他人を比較すると、ある人は自分が他人より劣っていたり、恵まれていなかったりというネガティブな面ばかりに目が行き、「私はダメな人間だ。何もできない」と思うかもしれません。しかし反対に、「私はこの部分で他人と違っている。だから私は特別《スペシャル》だ。他人と違う部分を生かして何かができる」と思える人もいます。

後者のように考えることで、自分の特異性を生かせれば、誰もがみんな「何かできる」はずです。

私は父が日本人で母が韓国人、日韓のハーフです。だからこそ、日本人とも韓国人とも違う「何か」ができると思うのです。適切な例ではないかもしれませんが、2002年のサッカー・ワールドカップ（日本と韓国の共同開催でした）のときに、私たち家族のドキュメンタリー番組が韓国で放映されました。開催の数日前のことで、「日本と韓国の対立感情を少しでもなくせたら」と、テレビ局が放映日を変更したそうです。放送終了後、テレビ局の方から「番組はいつもより高い視聴率で、韓国国内の反日感情を緩和するのに貢献してくれた」とコメントをいただきました。

聖書を早くから読んでいた私は「人にはそれぞれ、神から与えられた生きる目的がある」「人間の身体のように、人の社会も、それぞれの部分がそれぞれの役割を果たして初めて全体が成り立つ」と学んでいました。

『エレミヤ書』29章11節を引用しましょう。

《わたしは、あなたたちのために立てた計画をよく心に留めている、と主は言われる。それは平和の計画であって、災いの計画ではない。将来と希望を与えるものである》

『コリント人への第一の手紙』12章14節―26節には、以下のようにあります。

《実際、からだは一つの肢体《したい》だけではなく、多くのものからできている。もし足が、わたしは手ではないから、からだに属していないと言っても、それで、からだに属さないわけではない。また、もし耳が、わたしは目ではないから、からだに属していないと言っても、それで、からだに属さないわけではない。もしからだ全体が目だとすれば、どこで聞くのか。もし、からだ全体が耳だとすれば、どこでかぐのか。そこで神は御旨《みむね》のままに、肢体をそれぞれ、からだに備えられたのである。もし、すべてのものが一つの肢体なら、どこにからだがあるのか。ところが実際、肢体は多くあるが、からだは一つなのである。目は手にむかって、「おまえはいらない」とは言えず、また頭は足にむかって、「おまえはいらない」とも言えない。そうではなく、むしろ、からだのうちで他よりも弱く見える肢体が、かえって必要なのであり、からだのうちで、他よりも見劣りがすると思えるところに、ものを着せていっそう見よくする。麗《うるわ》しくない部分はいっそう麗しくするが、麗しい部分はそうする必要がない。神は劣っている部分をいっそう見よくして、からだに調和をお与えになったのである。それは、からだの中に分裂がなく、それぞれの肢体が互にいたわり合うためなのである。もし一つの肢体が悩めば、ほかの肢体もみな共に悩み、一つの肢体が尊ばれると、ほかの肢体もみな共に喜ぶ》

すべての命が大切で、誰もが「生きていてよかった」と感じられること。そんな社会に少しでも前進させることが私たちの責任だと思います。

■そこに目標はありますか?

よく言われることですが、いくら頑張っても、目標を間違えると本来行くべき場所には到達できません。頑張って頑張って、疲れ果ててから、「ここまでやってきたのに、どうして満足できないのか」と振り返る。すると、往々にして目標設定に誤りがあったことに気づきます。

日本では「大学に行くなら東京大学」、「東大に行けば何とかなる」という社会通念がいまだに根強いようです。しかし大学とは、大学に入ってからが本当のチャレンジであり、学問の探求が始まります。ですから「何でもいいからとにかく東大に入る」よりも「自分は○○を学びたいから××大学に行きたい」というほうが健全ですし、入学後、勉学での成功率も高いでしょう。

両親が東大の卒業生だから自分も入学しなければならない、と言う人もいますが、それは成績のよしあしを別として、他人まかせの考え方です。自分の生き方を自分で決めていない。だからちょっとつらいことがあると、他人のせいにしてしまい、極端な場合は大学を辞めてしまいかねません。

もちろん東大は素晴らしい大学です。しかし、「東大の威光」をもらうために大学に行くことが重要なのではありません。やはり目標設定が大切です。大学卒業後、社会人となってからの目標は何なのか。自分の職業、生き方で「何をしたいか」を目標として大学を選ぶべきではないかと思います。

私も12歳で大学院へ進むときには、周囲からいろいろな意見を言われました。「I

Q200の頭脳があるのだから、世界的に重要な発見ができるように研究に没頭すればいい」と励ましてくれる人もいれば、疑いもなく「ハーバードに行くのでしょう」と言う人もいました。

でも私は、はじめから科学の研究を志《こころざ》し、その研究を医療に使うことで多くの人と接したいと思っていましたから、この自分の志をかなえられる大学院を目指しました。つまりアメリカでは数少ないのですが、研究だけでもなく、医療だけでもない、両方の「学び」を兼ね備えた教育機関です。それがシカゴ大学大学院で、「医学科学者」を養成し、研究者と医師の二つの博士号を授与できる大学院でした。この大学院に幸いにも入学できた私は、当初の目標設定に誤りはなかったと自負できます。

私は研究分野で、医学研究の中でも大切な分子細胞学と分子遺伝子学の研究をしました。もう一つの医療分野では、さまざまな医療知識を必要とする小児科と、頭脳と心の病気に関連する神経科の専門医となるべく、大学院を終えた今、シカゴ大学大学病院で働いています。

病院で働くには、病院側が私を受け入れてくれることが前提になります。しかし逆に、病院側が私の望む環境にあるかどうかも重要です。実は私の場合は、勤務先としての病院を決めるにあたり、ハーバード大学やジョンズホプキンス大学（医学でアメリカのトップランクと言われる）も訪問しました。その結果、病院内の状況や二つの専門（小児科と神経科）の資格が取れる環境などを考えると、おのずからシカゴ大学大学病院が最善の選択となったのです。

ここで唐突ですが、弁護士という職業を考えてみましょう。日本はアメリカに比べて弁護士の数が少なく、司法試験に合格して弁護士の資格を取得するのも非常に狭き門だと聞いています。

おそらく弁護士を志す人は、「法律の力で困っている人を助けたい」「法に照らして社会の不正義を少しでも糺《ただ》したい」というような目標を持っていると思います。であるならば、仮に弁護士になれなくても、その大きな目標を実現する方法を見つけることができるはずです。弁護士資格とは「社会の不正義を糺す」ための手段であって、目標ではないからです。目標を達成するためなら、法律関係でも政治関係でも、働く場は無数にあります。あるいは草の根運動家という可能性もあります。道は一つだけではありません。

また、めでたく弁護士になれたとしても、弁護士バッジをつけた時点でそれがゴールになってしまっては、やはり手段を目的と履《は》き違えたとしか言えないでしょう。弁護士になってやりたいこと、弁護士としての目標がなければ、法律事務所に勤務しても先輩弁護士の右へ倣《なら》えになりかねません。現状の慣習に染まり、利益のみを追求する仕事に染まり、ふと気づいたときには自分に満足できない状況に陥《おちい》っている。あるいは、目標を持って仕事に向かう先輩弁護士が優秀に映り、「やりたいこと」を持たない自分に劣等感を抱くかもしれません。

ただ一つ、「自分がやりたいこと」さえあれば、たとえば「この分野ではもっと優秀な弁護士が必要だ。私がそれになるんだ」と、前を向くことができるのだと思います。

もしかしたら、私も何年か後に自分の目標を変更するかもしれません。しかしそれは「目標設定の誤り」ではなく、「見直し」です。そのとき仮に目標の見直しを迫られたとしても、長い先にある目標を見据えて、自分で最終判断を下すつもりです。なぜなら人生は、他の誰でもない自分のものなのですから。

■感動すること、熱中できること

「やりたいことがまだ分からない」という人もいるでしょう。そんなときは、まず自分を見つめることから始めるのがよいと思います。広く、多くの分野の本を読む。あるいは、過去に感動した経験を思い出してみる。そうすることで、自分が興味を持てるものを発見したり、無意識でいた自分の心の動きに気づいたりできます。

「感動」と言っても、別にドラマのような劇的な体験である必要はありません。あなたの記憶に長く残る「忘れられないこと」や、何かを見て「自分もそうなりたい」とか「やってみたい」という思いを強くしたことが、あなたにとっての感動体験です。

そしてその感動には、必ず「自分はそれが好きなのだ」という気持ちが働いています。人は本当に好きなことをしているときは、時間が経《た》つのも忘れてしまいます。また「好きなこと」を終えた後はストレスが消え、爽快な気分になっています。「やりたいことが見つからない、分からない」ときには、自分の好きなことを洗い出し、そこから自分の進むべき方向を考えるのがいいでしょう。

ロヨラ大学時代の私の場合は物理学、生物学、化学、数学、哲学、古典文学などのクラスが好きでした。どの勉強でも、一つのことを習うと「それから次はどうなる?」と、次々にもっと先に進みたくなっていました。

それから、ピアノも私の「好きなこと」の一つです。私とピアノとの出会いは、母が著書に書いていますので、以下に引用します。

《祥がもうすぐ四歳になろうとしていたある日、居間から、さっき私が弾《ひ》いていて投げ出したばかりのショパンのメロディーが聞こえてきたのです。

キッチンから出て見てみると、祥がピアノの前に座って、指一本でメロディーを弾きながら、これはママの音楽だけど、僕は覚えているよと、いかにも誇らしそうに言うのです。(中略)彼はピアノの下で、汽車で遊びながら、私が何回も間違えながら弾いていたピアノの音に耳をすませていたようです。「ピアノを習いたい?」とたずねると、祥は「イエス、イエス」と言いながら大喜びしました》

(『私はリトル・アインシュタインをこう育てた』
陳慶恵著・小川昌代訳/廣済堂出版)

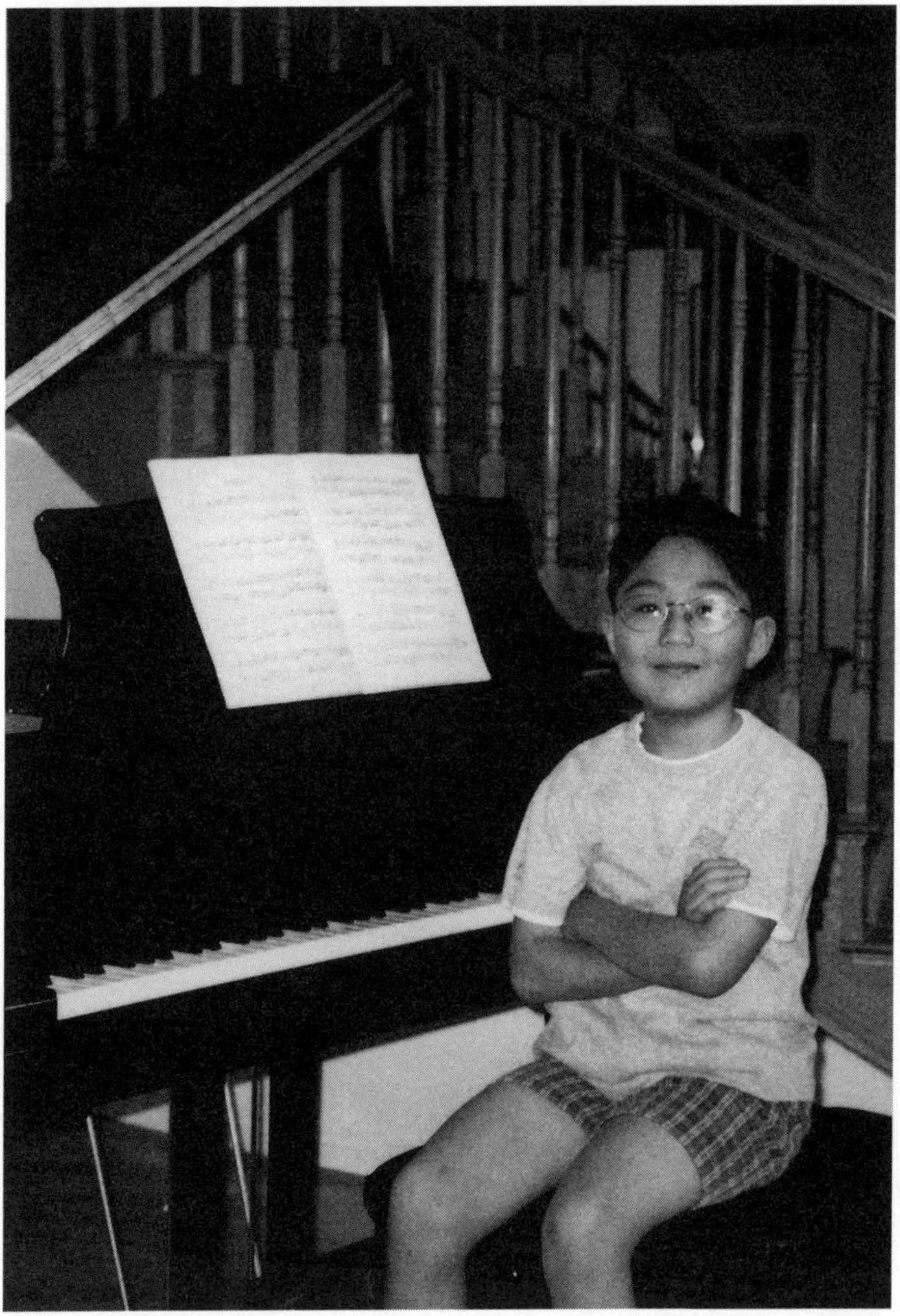

3歳でショパンを弾いたのは、母親のピアノの音色に耳をすませていたから

ピアノを練習しはじめると、我を忘れることがよくあります。ときには自分の感情をぶつけながら弾き、また別のときには曲の美しさを感じながら弾いています。まあ、毎回違うのですが、ピアノを弾き終えるとストレスが消え、リフレッシュされる。その気分はいつも一緒です。

また、私が医師という道を選んだのは、人と関わり、人のためになりたいと願う気持ちが大きく作用しています。その気持ちは幼いころからホームレスの人たちやコミュニティーセンターのボランティアをしたり、リタイアした高齢者の前でピアノを演奏したりといった経験から来るものかもしれません。

「やりたいことが見つからない。何をしていいか分からない」というときは、こうしたボランティア活動に参加するのも一つの方法です。身近な家族や親類、友だちを手伝うことでもかまいません。他の誰かのために自分を動かしてみれば、きっと「何か」が見つかります。

■「知りたい」と思う気持ちが、何かを引き寄せる

「やりたいこと」や自分の目標が見つかれば、自然とそれについてもっと知りたくなります。「知りたい」という気持ちが芽生えてきます。この気持ちは当然、自分の内部で生まれるものですから、何らかのかたちで「自分」に関係しています。高尚なことや自分の生活からかけ離れたことについて、唐突に「知りたい」とは思いません。

たとえば私は幼いころ、こんなことを「知りたい」と思ったものです。

・夏の猛暑と旱魃《かんばつ》で農場の野菜が枯れてしまったというニュースを見て↓このような気候の原因は何だろう？
・母が「指の痛みが止まらない」と言う↓なぜ痛いのだろう？　どうすれば痛みは和《やわ》らぐのだろう？
・差別や偏見を持つ人を見て↓明らかによくないことだと分かっているのに、なぜ止《や》めないのだろう？

このように、身近な問題から「?」が次々と生まれてきました。自分にとって身近な問題を認識してゆけば、「知りたい」と思うことは溢《あふ》れるように出てきます。

人や、自然や、周りの社会に目を向けること。そして自分に影響していると思うものに気を配り、疑問を投げかけてみること。そうすれば、その疑問を解消したい、もっと知りたいと思うようになるはずです。逆に自分の家族ですら気にかけず、家庭内のこと(家族が今何をしているのか、どんな状況にいるのか、など)を他人事《ひとごと》のように済ませていては、自分以外に興味を持てない人間になりかねません。それは「知りたい」という気持ちの芽を自《みずか》ら摘《つ》んでしまうことでもあります。

私がまだ小さいころ、母が私に〝人間観察〟をさせたことを思い出します。二人で公園や歩道のベンチに腰かけ、時間を過ごすのですが、目の前を歩く人たちを見ながら母は私にこんな質問をしました。

「あのおじさんはどんな人だと思う?」
「どんな気持ちでいるのかな?」
「仕事は何をしているのかしら?」

私は母が示す人物を観察し、数秒の間に自分なりの答えを出して母に伝えます。今思えば、これは前述した「社会に目を向け、気を配り、疑問を投げかけること」に他ならないのですが、驚いたことにその後、私はシカゴ大学の大学院で、母の〝人間観察〟と同じ訓練を受けたのです。

その訓練とは、美術館に行き、人物の肖像画を鑑賞しながら、その人物が何者なのか、何を考えているのか、どんな気持ちでいるのか、どんな状況に置かれているのかなどを想像し、大学院生同士で語り合うというものでした。人には想像、空想する力があります。自分の周囲を取り巻く森羅万象《しんらばんしょう》に目を向け、湧《わ》いてきた疑問に想像力をもって向き合う。そのとき「知りたい」気持ちが働いているのです。

ベンチでの〝人間観察〟も大学院の〝美術館訓練〟もそうですが、疑問を持ち、知りたいと思い、想像するというプロセスをたどった後は、「私はこう考える」「私の見つけた答えはこうだ」と、一定の結論を導き出すことが重要です。そのためには「自分の考え、発見」を誰かに話すのがいいでしょう。

やはり幼いころ、母に連れられてスーパーへ買い物に行った私は、母が買おうとする商品のラベルを食い入るように読みました。そして、同じ種類のもの（醤油なら醤油、ケチャップならケチャップ）でも、違うメーカーの商品のラベルも読みました。両者を読み比べ、値段と内容量の違いや成分の違いなどを母に話したものです。

家族でドライブに行くときには、車の窓から見える木々や雲の様子、カーラジオから聞こえてくるニュースについて、みんなで話し合いました。ふだんは忙しい父ですが、こうした休日や帰宅後の時間には、父・母・私・妹の家族全員で話す機会を積極的に設けてくれます。父も母も私たち子どもと一緒になって、さまざまなことに目を留め、そこから何かに気づき、何かを知ろうとします。父は口ぐせのように「どう思う？　それはどうして？」と私に話しかけるのですが、それは今も変わりません。

■「やってみよう」「私にはできる」と思うこと

「これはちょっと面白そうだ」「やってみたいな」と思ったことを、すぐに実行してみるのが私の小さいころからの癖でした。子どもたちが集まって何かゲームをするときなど、たとえそのルールを知らなくても「僕、やってみる」と、子どもたちの輪の中に入ってトライしていたということです。

それは好奇心のなせる業《わざ》なのでしょうが、むしろ両親の励ましが大きかったと思います。何かをするときに、たとえうまくいかなくても、父と母は私を励まし、フォローしてくれました。

「うまくいかなかったのなら、もう一回やればいい。きっと次は前よりもうまくできるよ」と。

どんなことでも、初めから完璧にできるほうが不思議です。未経験のことならうまくできなくて当たり前です。できなかったからといって、恥ずかしがる必要はありません。

また両親は私に、決して「〇〇をやりなさい」と言うことがありませんでした。「やりなさい」と命令するのではなく、「やってみる?」と尋ねるのです。あるいは、次に何をするのか、遊ぶためのおもちゃや食べるお菓子などでどれを選ぶかといった場面では、必ず「何にする?」と聞かれました。私に選択肢が与えられていたわけです。こうして私は、幼いころから自分で決める、自分で判断することを自然に学んでいたように思います。

「やってみる？」と聞かれ、自分の心の中で「やる」と決めて、「うん、やる」と答える。それが自分で決めるということです。この「やる」という気持ちが心の中ででさあがってさえいれば、その時点でだいたいのことは「やれる」はずです。もしくは、少なくとも「やる」という行動に移りやすい状況になっています。

「やる」と決めて行動すれば、たとえ「やってみた」結果がよくなくても、そこには何らかの「前進」があります。少しでも新しいことを習ったり、新しいことができたりしたのですから、「やってよかったね。初めてにしてはすごいね」という反応が返ってきます。そして「自分が決めたことは、よかったんだ」と自信がつきます。

人に「やれ、やれ」と命じられ、いやいやながらやって、挙げ句にうまくいかなかったとしたら「だから僕はやりたくないって言ったのに」と、文句を口に出しかねません。少なくとも私には、そのような状況はありませんでした。

私が「9歳の大学生」になろうとしていたときのことです。そのころの私は「大学

「自信を持て」と、ノーベル賞学者のワトソン博士に励まされた

に行けば、もっといろいろなことを専門の先生から学べる。質問できる。実験もできる」と夢中でした。同時に、「どうせ勉強するなら一生懸命やって、よい成績を目指そう」とか「周りの年上の学生にひるんだりせず、逆に自分もみんなと同じように学べることを知ってもらおう」と思っていました。すべて「やってみよう」という気持ちから出発したことです。

今から8年前の2005年、私が大学院で博士号のための研究をしていたころと記憶していますが、分子生物学のジェームズ・ワトソン博士とお会いする機会に恵まれました。ワトソン博士は15歳でシカゴ大学に入学し、その後、遺伝子構造（DNAの二重螺旋《らせん》構造）の発見でノーベル生理学・医学賞を受賞した科学者です。この遺伝子構造の発見は、アインシュタインの相対性理論とともに20世紀の2大発見と呼ばれています。

ワトソン博士から、私はこんな助言をいただきました。

「若いときはもっとアロガント（横柄《おうへい》・傲慢《ごうまん》・尊大）でいいんだ」

「女の子から離れていろ」

「これからは癌《がん》でなく、頭と心の研究が必要」

そして、

「結果をやる前から恐れたりしないで、自信を持ちなさい」

「研究に集中しなさい」

「将来のための研究をしなさい」

と、大きな励ましもいただきました。

一生懸命やったことは、決して無駄になりません。自分が「これだ」と思ったことを「やる」と決めて、行動することが大切なのだと思います。

■それでも「分からない」ことばかり

私は今、小児科と神経科の専門医になるため、医師として日々、たくさんの患者さんに接しています。ＩＣＵ（集中治療室）では生死の境にある患者に向き合い、通常の小児科では赤ちゃんから思春期の学生、それにその患者の家族とも接します。

とくに小児科では、あらゆる病気に対応するとともに、患者さんの家庭環境や学校の様子にも踏み込まなければなりません。それらが患者である子どもの健康に影響していることが少なくないからです。そして医師だけの手では解決できない問題が多くあることを教えられています。

娘が13歳で妊娠したという母親は、かつて自身も同じ年ごろで身ごもったと言います。また、子どもが学校で不良たちの対立に巻き込まれて大けがをしたのに、経済的な理由で転校させられないと言う親御さんもいました。両者ともに現状の生活サイクルから抜け出せずにいるのです。

また、子ども本人の理解度を無視して授業を進め、学年だけは上級に行かせる学校があります。そこでは子どもが、いよいよ勉強についてゆけなくなると「特別学級」に入れるのですが、その「特別学級」では満足に勉強を教えることがありません。たとえば掛け算ができない子どもが特別学級に行きます。ではそこで掛け算を一から教えるのかと言うと、子どもに電卓を渡して勝手に計算させるだけ。時期が来たらそのまま卒業を迎えるシステムです。

私は両親のおかげで恵まれた環境に育ちました。一方、そうではない環境で過ごさざるを得なかった子どもたちを、今の医師という仕事で目《ま》の当たりにしています。本書の「プロローグ」で、私たちは毎日が学びなのだ、と述べましたが、まさに「学び」は連続して、途絶えることがありません。これまでも、今現在も、これからも「学び」は続きます。

そして皮肉めいた表現ですが、私の今までの学びを通して分かったことは、自分には「分からないことばかり」だということです。私たちは、いまだ多くの分からないこと、知らないこと、解決できていないことに直面しているのです。

たとえば学問的に確かであると認められていることであっても、現在の技術では証明できないことがあります。

私たちはまだ光のスピードで移動したり、異次元へ行ったりすることはできませんし、抗生物質の新薬が登場しても、その耐性を持つ菌が出現してイタチごっこを繰り返しています。癌に対しても決定的な薬はありません。

さらに、「学び」を続け、分かろうとすればするほど、現在の定義が不明確ではないかと思えることも出てきます。

生物と無生物を考えた場合、ウィルスはどう捉《とら》えるべきか。脳や臓器が欠損したまま生まれてきた赤ちゃんの命をどこまで救えるのか。私たちの知識が増えるにしたがって、「どうすべきか」「どう対処してゆくか」という新しい方針が必要になってきます。

人間のレベルで、新しい臓器の製造や遺伝子の組み換えが可能になったとき、私たちはかざすべき倫理と方針を、今のところ持ち合わせていません。あるいは犯罪者が犯行に及んだのは病気や薬物のせいなのか、本人の自由意志なのか、はたまた自由意志などというものが人間にあるのかなども不明確になりつつあります。

あらゆる情報がインターネットで手に入る時代です。新たな発見や科学の進歩も目覚ましく進んでゆくでしょう。ですからなおのこと、私たちは人間性や、人間が営む社会のあり方、人間の生き方を理解し、議論し合ってコンセンサスをつくり上げていく必要があります。地球レベルでの文化を創っていかなければならないと思います。「学び」による社会への貢献は尽きることがありません。むしろ歴史的に大きな転換点にある現代は、より多くの人の貢献を求めているはずです。

【家族から①】矢野家の家庭教育――陳　慶恵（母）

●一人の人間として認める

祥が生まれたとき、私と主人は「人間にはそれぞれ生まれてきた目的がある。また、子どもは神様が親に養育するように託したのであり、親が所有するものではない」と話し合いました。子どもは自《みずか》ら選んで私の子どもになったわけではありません。しかし、世界で70億人以上いる中で親子となった奇跡があります。私たち親は完璧ではありませんが、本当に心から愛し、自分を投げ出してもいいと思えるような命と絆《きずな》を結ぶ機会を与えられたのです。

●植物に養分を与えるように養育する

子どもには私とは違う、自分自身の生まれた目的と意味があるはずですから、私たち親は、親の目的と意味のために子どもを育ててはいけません。私たちは子どもの性格、能力、健康、体力などすべてに注意を払いながら、子ども自身のためによいだろうと思うことを「植物に水や養分を与えるように」養育してきました。

木や植物を育てるときに、まだ小さいうちから葉や枝を切ったりしないように、幼いころは十分に伸び伸びと育て、木であれば「杉なのか、松なのか」見極める必要があります。見極めれば、その木に適した養育場所や与えるべき養分が分かります。また、何をどの時期に与えて、いつごろどのような成長を見込めるかも予想ができます。私たちは、子ども自身のことをよく知ることにだけ注意を払い、他の子どもたちと比較するなどしませんでした。他の人と優劣を競うことが目的ではなかったからです。

●「自分でやる」という気持ちを育てる

社会生活で役に立つ大切な言葉を、アメリカでは「マジック・ワード」(magic word)と言います。多くの人が挙げるいちばんのマジック・ワードは「Please」(どうか何々してください)です。キリスト教では「ドアを叩け」、そうすれば「ドアを開けられる」と教えます。「Please と自ら一生懸命頼めば、誰かが熱意を分かってくれて助けてくれる」ということだと思います。

日本でのマジック・ワードは「ありがとう」だと聞いたことがあります。「いつ

母はいつも、子どもの「半歩だけ先」から教えていた

も周りの方たちへの感謝を忘れない。私たちは皆さんに生かされている」ということだと思います。両方ともとても大切なことで、子どもに教えました。

私は自分がこの世にいなくなっても、このアメリカで子どもが自分で生きていけるように、自分でさまざまなことに挑戦し、やり遂げる人になってほしいと思いました。アメリカでは困っていても、黙っていれば誰も助けてくれません。自分から立ち上がって進む必要があります。やりたいこと、困ったこと、教えてほしいこと、何でも自分で「Please」と頼んでみなさいと教えました。

「何かをやりたくない」ときは理由があります。私は、その理由を「知る」ことも教えました。怖いから、怒られるから、恥ずかしいから、できないからとか、いろいろな理由で私たちは何かをすることを避けようとします。しかしそうする多くの場合は、自分の「無知」が原因です。「知れば」怖くなくなり、もっと知りたくなり、嫌いでなくなります。

●感受性と好奇心と目標設定

私は著書で「母の力——半歩だけ先を歩く（half step ahead）教育方法」という

ことを書いたり、多くの方にお話しさせていただいたりしています。

幼い子どもにとっては、母親が手をつなぎ、子どもより少し前を進むような状況がよいと思います。そうすれば子どもはどの方向に行っているかが分かり、またお母さんの手を握っているから安心です。親は前に向かっていますが、子どもがどんな状況で進んでいるかも視野に入って見えているのです。片手同士は結ばれているのでお互いの気持ち、感動、驚き、喜びなどが伝わります。

一緒に遊び、一緒に勉強をして、親が驚いたり、喜んだり、不思議に思えば、子どもも同じように思います。見ること、感じることを話していれば、感受性豊かで好奇心のある子どもに育つのではないでしょうか。花や空の色の変化、絵や音楽の美しさ、動物の命などに接しながら、豊かな感受性を持ってほしいと思いました。一緒になって新しく知ったことを喜んだり、意見を出し合ったりすれば、本人とは違う親の見方、感じ方も分かります。

テストでは、100点満点がよいのでしょうが、100点を取れなかったときはどうなのでしょう。それは努力が足りなかったのではなく、たまたま知らないことだったのではないでしょうか。知らないことを知ったとき、そのこと喜び、褒めるべきだと考えました。

大きな目標も大切ですが、一緒に歩く半歩先から、子どもにできる小さな目標の選択肢を与えてあげます。そのうちの一つを本人が選びます。本人が選べば、親はそれをできるか見守るだけです。人は自分で決めたことは頑張れるのです。頑張って、小さな目標が達成できれば自信がつきます。もっと自分でやろうとします。決断力もついていきます。

●社会の中で生きているということ

人間は社会の中でしか生きられません。自分と社会がどのように関わるかで、自分がどういう人間かも決まると思います。私は、「人はみんなつながっている」ということを子どもに教えました。私の親や祖父母のこと、歴史、社会問題、親としての私自身の弱さ、DNAのこと、経済、科学など、あらゆることを通じて「私たちは何らかのつながりがあり、お互いに影響し合っている」ということを、成長に合わせながら教えていきました。そうすることで他人への敬意や思いやり、「自分が社会に何をすべきか」という自己実現の方向性が育っていきます。

また、小さなことでも人や社会に影響を与えるのだから、よい影響を与える人になるようにも教えました。

社会問題の解決や自己目標達成のためには、今までのルールにとらわれない創造性が必要です。また、自分とは違う人たちの中で問題を乗り切ったり、協力してもらったりするためには、ユーモアも必要です。聖書には「与えられた試練で乗り越えられない試練はない」という教えがありますが、「自分にはできる」と信じ、取り組むことの大切さを子どもに伝えました。

●伝えたいことは表現する

子どもがいろいろなことを習い、感じ、考えているなら、おのずと「何か伝えたいこと」が生まれてくるはずです。私たちは、みんなお互いに影響し合い、つながって生きているのですから、「何か伝えたいこと」はみんなに伝わるように表現すべきです。自分の思いを大切にして、理解し、表現するように――これも私が子どもに教えたことの一つです。

2章

読む

■ 食品の表示ラベル1枚から

私は小さいころから「読む」ことが大好きでした。前述したように、食事のときには醤油瓶《しょうゆびん》のラベルを隅々まで読むような有様です。

これも前述したことですが、母親とスーパーに買い物に行けば、食品に表示されているあれこれを読みます。すると、いろいろなことが分かってきます。同じ種類の食品でも成分や量、原産地、消費期限などが異なり、その中でどれを選ぶのがよいか比較することができました。また、食品添加物が化学物質名で書かれていたことがあったのですが、それは実は防腐剤のことでした。はっきり「防腐剤」と表示すれば誰にでも分かるものを、意図的にそうしないのは消費者に不親切だと知ったのもこのときです。

当時は、ちょうど自然食品ブームが始まったころでした。いろいろな食品に「ナチュラル」とか「無農薬」といった文字が謳《うた》われていましたが、その表示の仕方も商品によってまちまちでした。何を根拠に「ナチュラル」とするのか、「無農薬」とそうでないものではどこがどう違うのか、私は探偵のように比較したものです。

母も買い物のときは迷わず無農薬食品を選んでいました。もともと母は私を母乳で育て、粉ミルクを与えることがなかったといいます。なぜかと言うと、粉ミルクの原料となる牛乳の中には、抗生剤を服用した牛からつくられたものもあり、その場合、人間もその抗生剤の残りを飲んでしまうリスクがあるからだそうです。

食品のラベル1枚に、あらゆる情報が記されています。それらを「読む」ことで、たとえば食品の値段とタンパク質の量に関係があるのか考えたり、人が買いたくなるような表現の仕方を想像したりもしました。つまり「読む」ことによって情報を吸収し、それが次の興味を呼び、興味を満たすためにもっと「読む」という繰り返しです。その繰り返しが私を「読書好き」にしたと思います。

私は単純に「読むこと」が好きですから、勢い、たくさんの本を読みます。量を多く読むことで、自然と他の人よりも速いスピードで読めるようにもなりました。日本語では「速読」と言うそうですが、私の本の読み方は、いわゆる「フォト・リーディング」なのかもしれません。私自身、自分の学習能力の中では言語能力が最も高いと思います。

こうした私の「読書好き」は、やはり父と母の育て方に負うところが大きいと思います。

ふたたび、母の著者から引用します。

《祥が文字を早く覚えるようになったのは、やはり本をたくさん読み聞かせたためのようです。私は祥が生後六カ月になってから、一日も欠かさず一〇冊ずつ読み聞かせました。（中略）いつだったか、「これはとばして読んでもいいわね」と思って、文章をいくつかとばしたところ、ママが読み間違えたと祥が抗議しました。「ママがどこを抜かしたの？」とたずねると、とばした文章を手で指差しながら、自分で読むではありませんか。私が本を読んでいる時に、彼も目で一緒に文章を読んでいたようです。私たちはそれから、順番を決めて本を読むようになりました》

（前掲『私はリトル・アインシュタインをこう育てた』より）

父も母も、読書がもたらしてくれるものの大切さを理解していました。それは知識の探求、想像力の発達、分析や表現をする言語能力の向上といったことです。たしかに読書は、人間としての知恵を育《はぐく》むための第一歩なのだと思います。

私が初めて読んだ本

私が生まれて初めて読んだ本は何だったのでしょうか。今となっては確認のしようもありません。ただ、幼いころに喜んで読んだ本はよく覚えています。すべて日本の絵本で、『ころわん』（作・間所ひさこ／絵・黒井健）、『10ぴきのかえるのうんどうかい』（作・間所ひさこ／絵・仲川道子）、『なあくんとりんごのき』（作・神沢利子／絵・山内ふじ江）。

どれも母が、日本人の知人から譲っていただいたものです。

とくに好きだったのは、やさしい犬が主人公の『ころわん』で、現在は17冊に及ぶシリーズになっています。そのシリーズの1冊『ころわん　ちょろわん』では、友だちの「ちょろわん」と野原に冒険に行きます。小さな川にさしかかったとき、ちょろわんは怖がって川を飛び越えることができません。そこで、ころわんが「大丈夫、1、2の、3！」と励まして、無事に飛び越えるのですが、慣れていないため尻餅《しりもち》をついてしまい、ちょろわんは「どてっ!」という音を立ててしまいます。私はこの「どてっ!」の場面になると必ず大笑いして、父に何度も読むことをせがみました。

読書体験が絵本から始まったせいでしょうか、その後、私は自分でも絵本をつくってみたことがあります。左ページに掲載したものがその一例です。

■ 何を基準に「読む」べきか

さて、ひと口に「読書好き」と言っても、手当たり次第に何でも読むというわけではありません。私には本を選ぶ際の基準が二つあります。

一つは「読みづらくないこと」です。そしてもう一つが、読むのに費やす時間相当の「価値がある」ということです。他人の薦《すす》めはさほど気にかけません。自分が「この本は面白そうだ」と思ったものを手に取ります。楽しくなければ読む意味がないからです。

もう少し具体的に言うと、「ストーリーが単にストーリーだけで終わらない本」を好みます。たとえばトルストイの『戦争と平和』ですが、4巻全15部(エピローグを

自作の絵本"Universes of a Poetry"。原画は色彩が鮮やか

加えると17部。もちろん翻訳された各国言語によって巻数は異なるかもしれません）におよぶ長さを気にしなければ、各部の小さなストーリーのすべてを通じて流れる大きなテーマに気づくことができます。

さらに付け加えると、私が考える「よい文学」とは、抽象的な表現ですが、「作者が恐れることなくディテールを明確に示さず、うやむやかつ不完全なストーリーをもって読者を想像に耽《ふけ》らせることができる」本です。

私が「面白そうだ」と思った本や作者の例を挙げてみましょう。たとえば自分が置かれた環境や時代、文化とは異なる世界に関する本で、ギリシャの古典文学や中世の文学書がそれに当たります。

ギリシャの古典ではエウリピデスの悲劇（『メディア』や『アルケスティス』など）をとくに評価していますが、それ以外にもホメーロスの叙事詩（『イーリアス』『オデュッセイア』など）やオウィディウス（『アルス・アマトリア』など）、アリストファネス、ヘシオドスの作品に惹《ひ》かれました。古代ローマではウェルギリウス、キケロ、中世イタリアならボッカチオの『デカメロン』やダンテの『神曲』も好きです。

文芸作品ではないジャンルでしたら、一例ですがバビロニア（とくに紀元前19世紀から16世紀にかけての古バビロニア）について書かれた本をよく読みました。バビロニアは『天地創造』や『ギルガメシュ英雄譚《えいゆうたん》』など、世界最古とされる興味深い神話が伝わり、上代から文明が栄えていた土地です。その歴史に基づいて、当時すでに不動産市場で取引が行なわれるような、高度に複雑化した社会でした。

バビロニアでは60進法が使われていた、ということも本で知ったのですが、そうなると今度は数字や計算法について興味が湧《わ》き、その方面の関連書を読むことにつながります。まさしくこの章の冒頭で記したとおり、《「読む」ことによって情報を吸収し、それが次の興味を呼び、興味を満たすためにもっと「読む」という繰り返し》なのです。「興味の連鎖」が途絶えることはありません。読書はその「興味」への入口なのだと思います。

■文字を目で追うだけが「読む」ことではない

もちろん本以外でも、雑誌や新聞、学術論文など、さまざまな種類のものを「読み」ます。

ただ、「読む」という行為は、辞書的には「文字を目で追い、記された内容を理解・解釈する」ことなのでしょうが、文字ではないものも「読む」ことがあります。たとえばDNA関連の研究で、PCR（polymerase chain reaction ポリメラーゼ連鎖反応）という遺伝子研究の基礎技術があるのですが、これは簡単に言うと「DNAの特定領域を増幅させる合成反応」です。このPCRを繰り返すことで、特定のDNAを大量に複製することができます。

ご存じのように、DNAの二重螺旋の内側には4種類の塩基《えんき》が並んでいて、その配列（並び順）が遺伝情報を記録しています。ここで専門的なことを述べるのは本意ではないので省略しますが、PCRを行なってその成果を確認する際に、膨大な数の塩基配列を分析します。すなわち、それが「読む」ことになるわけです。

また医師である私は、毎日さまざまな患者さんに接します。そのとき患者さんの容体を診《み》るとともに、目には見えない気持ちを察してあげなければなりません。これも「読む」ことだと思います。

読書は「興味の連鎖」への入口

私がクラシック・ピアノを演奏することは前述しました。作曲の勉強もしていますので、毎日ピアノの練習時には楽譜を「読んで」います。楽譜を読みながら演奏するには、脳をフル稼働させ、集中力を必要とします。妹の小百合も現在、バイオリンを勉強していますが、クラシック音楽を習うことは脳をフル稼働させるという意味でも学校の勉強に役立つと思います。

少し音楽の話をさせてください。その妹がトリオ（バイオリン、チェロ、ビオラ）で演奏したことがありました。彼女は自分の演奏するバイオリンの音を耳で聞きながら、同時に頭の中で奏《かな》でられている〝理想の音〟と比べています。目は、今弾《ひ》いている音の何節か先の楽譜を読んでいます。そして他の演奏家（チェロとビオラ）の音も聞きながら、自分のバイオリンを合わせています。あるときなど、もう一人のバイオリンが自分のパートを演奏していなかったので、妹はその人の分の音も演奏していました。

バッハをはじめ何人かの著名なクラシックの作曲家は、曲の中に「自分が作曲したのだ」という署名のようなものを音で組み込んでいます。個々の作曲家がよく使うモチーフがあったり、今までの作曲のルールをわざと破っている箇所があったりするのです。そうした楽譜を「読んで」いると、演奏しなくても頭の中で音楽を聴き、作曲家や曲について想像をめぐらせることができます。

したがって、いざクラシック音楽を演奏するとなると、目で楽譜を読み、耳で自分や他の演奏家の音を聞き、頭の中でも音を奏で、さらに指や体を動かすのですから、「音楽家には認知症者が少ない」というのも納得いく気がします。

■「遅く読まない」ための方法

前にも記したとおり、私にとって読書は「楽しく読む」のが基本です。それに他のことに気をとられたりして、読書に集中できないのもよくありません。おかげさまで私は読むことが好きですから、いつでもどこでも、少ない時間でも読書ができます。つねに小さな本をポケットに入れて持ち歩くか、あるいは携帯端末で電子書籍を読みます。

そこで本に向き合うときの姿勢についてですが、「読んだことはすべて覚えなければば」と気合を入れてしまうと、読書の楽しみは半減してしまうでしょう。私は初めから、「本に書かれている細部までのすべては覚えられない」と認めたうえで読んでいます。同じように、読書を「これは勉強だ」「本を読んで分析するのだ」と力むのも感心しません。

その代わり、小説であれ学校の教科書であれ、まずは大きな全体図やアイデア（考え方）を理解するように努めます。1本の樹木にたとえれば、大きな幹《みき》や太い枝をまず理解し、それから小枝や葉を観察して全体を埋めていくような感じです。こうしたほうが、最終的には本の内容が最も自分の中に残り、よく覚えられるように思います。「誰がこうして、次に誰が何をした」というような、長い一連の話や情報を無理に覚えるよりも、まず大柄な全体図をつかむ。それが結果的に本の内容をよく消化・吸収する読書法なのではないでしょうか。

本を読む「スピード」に関連して、私はよく「どうしたら速く読めるのですか」と聞かれます。しかし残念ながら、私には「速く読む」方法をお教えする自信はありません。ただし、「遅く読まないための方法」ならあります。

それは本を読むときに、できるだけ「音読《おんどく》」（声に出して読む）しないことです。あるいは声に出さなくても、心の中で自分に話しかけるように「読み上げ」たりしないことです。音読や心の中の声は、脳が自動的にさせるようですが、この心の中の声をストップして読むようにします。

矛盾するようですが、頭の中で自分に向かって「読む」のをやめます。そして文字だけを「見て」、言葉の裏にあるコンセプトをつかむようにするのです。軽い内容の小説などを読むとき、私は最も速いスピードで読んでいるようです。

自分にとって適度なスピードで読んでいるとき、私の中の「心の声」は消え、完全に静かな世界になります。ところが「この本は、あとどれくらいで終わるのだろう」などと、ちょっとでも考えたりすると、また声が聞こえてきます。そういう意味では読書は「瞑想《めいそう》」に似ているのかもしれません。雑念が邪魔をするのです。とはいえ、速く読みすぎて「さっき読んだ内容は何だったかな」と、ページを戻ってしまっては、よけいな時間がかかることになるので注意が必要なのですが。

静かな気持ちになり、すべてに対して心がオープンであれば、読書の主体である自分は、どんな時代へも、どんな地域でも、そして誰の心の中へでも飛んでいくことができます。そこにはまったく制限がありません。子どものころからそうなのですが、詩集などを読んでいるときは、詩にある韻《いん》に影響されるのか、メロディーが頭に出てくることがあります。するとそのメロディーを頭から取り除くために、目の前の本に音符を書くということもありました（左ページの写真参照）。読書はさまざまな刺激も与えてくれるのです。

■人は「記憶の情報源」を忘れてしまう

ここまで読書の有益性をお話ししてきましたが、読書には危険性もあります。読者の興味を削《そ》いだり、間違ったことを教えたりする危険性です。

とくに文芸作品ではないノンフィクションのジャンルには〝退屈〟な本が多いと思います。書名は控えますが、世界経済を論じたある本では、著者の意見だけをいたずらに長く、退屈な文章で綴《つづ》っていました。

難解な言葉や複雑な言い回しを使っていても、結局たいしたことを意味していない

By permission of The Houghton Library, Harvard University

The Lamb

Little Lamb who made thee?
Dost thou know who made thee?
Gave thee life and bid thee feed,
By the stream and o'er the mead;
Gave thee clothing of delight,
Softest clothing, woolly bright;
Gave thee such a tender voice,
Making all the vales rejoice:
Little Lamb who made thee?
Dost thou know who made thee?

Little Lamb I'll tell thee,
Little Lamb I'll tell thee;
He is called by thy name,
For he calls himself a Lamb:
He is meek and he is mild,
He became a little child:
I a child and thou a lamb,
We are called by his name.
Little Lamb God bless thee.
Little Lamb God bless thee.

444 THE AGE OF JOHNSON

ブレイク(イギリスの詩人)の本に、頭に浮かんだメロディーを書いた文章に出くわしたときなどはがっかりします。まして、間違った内容や歪《いびつ》な意図をもって書かれた本は読者に悪い影響を与えます。

かつてドイツでは、ナチス・ドイツの方針にそぐわない本が焼き払われました。その結果、ドイツ国内に残ったのはナチズムを賛美する本ばかりとなります。それらの本は不実を語り、異常なことを「正常」だと読者に信じ込ませ、思考ではなく感情に基づいて行動させようとしたとのことです。その後のドイツに少なからず影響を与えたと思います。

科学書の体裁をとっていても、科学的事実と科学からかけ離れた事柄をごちゃ混ぜにした本があります。また、さまざまな選択肢があるにもかかわらず、二者択一を読者に迫りジレンマに陥らせる政治関連本もあります。どちらも危険だと言わざるを得ません。

その伝《でん》で言えば、文芸作品（フィクション）にも危険性はつきまとうかもしれません。フィクションも作家の考えの表われですから、作家がある種の偏見や悪意を持っていれば、ノンフィクションと同じように、読者をミスリードしかねないからです。

たとえば1900年代前半の通俗小説には、当時の人種差別や性的差別が平然と描かれています。たとえ読者が「自分は作者の考えには与《くみ》しない」、「小説という虚構の世界だから問題ない」と思っていても、間違った内容の本はやはり危険だと私は考えます。

話は飛びますが、どうして商品広告は自信満々に「このジュースは果汁100%」と謳《うた》うのでしょう。カフェイン入りの飲料よりはましかもしれませんが、本当の「果汁100%のフルーツジュース」は多量の糖分を含み、子どもを肥満させるのです。広告は「果汁100%は完全に体によい」という間違った情報・考えを流し、消費者の肥満を促進します。

その広告主は、消費者が「果汁100%が体によい」という情報をいつ、どこで得たのか、そのうち忘れてしまうことを知っています。これは人間の意識の働きとして有名な話で、最初は販売促進のための広告から伝えられたことでも、時間が経《た》つと多くの人はその情報源を忘れてしまい、情報だけが残ります。そしてその情報が、信用できる教科書から発信されたのか、はたまた営利目的の広告から来たものか、区別がつかなくなるのです。

このような広告がもたらした〝成果《フルーツ》〟を、私は小児科の病棟で目にしました。肥満児を抱えたいくつかの家族です。彼らはみな、「果汁１００％のフルーツジュースは健康によい」というイメージを持ち、子どもに1日4杯も飲ませていました。その結果、子どもたちは9歳で１００キロ近い体重になっていたのです。

食べものや飲みものは体内に取り込みますが、本を読む、あるいは情報を吸収するときは、その内容を頭に取り込みます。私たちは自分の体にだけでなく、頭に入れるものも自分にとってよいかどうか気をつける必要があります。体であれ頭であれ、ひとたび自分の中に入ってくれば影響しないものはありません。そう考えるべきです。

本の話題に戻れば、伝記や歴史書にも作者の意図が強く反映されています。作家マーク・トウェインは、こう断言しています。

《すべての歴史を書いているインクは、偏見という液体にすぎない》

読書にあたっては、ときどき立ち止まり、書かれていることを自分なりに考える。

また、同じテーマを扱った別の本と読み比べる。そのように、鵜呑《うの》みにしない態度が大切だと思います。

■ 読書とは「もう一人の自分」による疑似体験

自分の基準できちんと「読む」ことができれば、そこから得られる世界は無限に広がります。

私たちは読書から知識や情報だけを吸収するのではありません。自分では今まで考えたこともなかったような世界を目撃し、また時間と空間を超えた過去や未来の世界へ旅をし、さらに他者の心の中の世界に入り込むことができます。このとき私たちは想像の翼をはばたかせ、疑似体験をするのです。つまり本を「読む」ということは、自分ではない「もう一人の自分」に、さまざまな体験をさせることでもあるのです。

これが想像する・考えるということです。読書によって想像する・考えることが自然になり、結果として、学習能力や社会への適応性、問題解決ができる創造性、他人を思いやる気持ちなどがもたらされるのでしょう。

繰り返しますが、私はいつも、まず本が伝えようとしている全体図、意図、コンセプトを理解しようとして「読み」ます。そのうえで、理解した大枠（全体図）に、細かな内容を付け足してゆきます。それが私の読み方・勉強の仕方と言っていいでしょう。

ですから、小説であれ、科学書、美術書、哲学書であれ、いったん本の表紙を開けば、それぞれの分野での、それぞれの「考え方」を理解するように心がけます。そしてその考え方に対して、「自分は納得できるか」を問いかけながら読むようにしています。どれほど高名な著者の本でも、自分が納得しなければ、その本を自分のものにしたことにはなりません。著者の考え方すべてに同意する必要はありませんが、著者の意図や議論の中身に納得しつつ、どこが自分の意見と違うのかを明確につかんでおくべきです。

■本から勇気と希望をもらう

本を読み終わったとき、感動のあまり涙をこぼすという人も多いでしょう。そのこと自体を私は否定しません。ただし「感動」とは個々人それぞれの受け止め方の結果であって、私自身は感傷的になるような本にさほど興味がありません。やはり私は、自分の想像を掻《か》き立ててくれたり、考えることを促《うなが》してくれたり、「もっと知りたい」と次なる興味を持たせてくれるような本を好みます。

そうして選んだ本から、私は次のようなことを学びました。

「たった一人でも、社会に影響を与えることができる」

「たった一人でも、自分の立場をはっきりと示すことが大切である」

「未体験のことでも一歩一歩、前進すればできるようになる。不安がることはない」

「私たちがまだ知らない、隠れた真理がある。しかし探してゆけば、それはいつか見つけることができる。なぜなら真理はつねに存在しており、ただ私たちが知らないだけだからだ」

——読書は、何ごとにも一人で立ち向かい、挑戦し、希望を持つ勇気をプレゼントしてくれるのです。

グーテンベルクは、活版印刷技術で聖書を広めたことにより、宗教改革に多大な影響を与えました（ちなみに聖書だけでなく、宗教改革者から批判された免罪符《めんざいふ》も大量に印刷し、大きな収入を得ていたようです）。マルコ・ポーロの『東方見聞録』がコロンブスの背中を押し、彼を大航海時代の代表者にしました。1冊の本が社会を変え、歴史をつくった典型です。

このように、世界的に大きな影響を及ぼす本が何冊も出版されてきました。しかしどんな本にも大なり小なり影響力はあります。それは「言葉」の持つ力です。

たった1行、たったひとことでも、あるいは俳句のように17文字でも、一人の人間の一生を左右することがあります。その意味では、母が私に読んでくれた絵本のような平易な本であっても、読者である子どもに「やさしい気持ちを持つこと」を気づかせたり、「あなただけではなく、みんなが不安なんだ」と教えてあげたりすることができるのです。

その気づきや教えは、子どもが旅してゆくその後の長い人生に、必ず何らかのかたちで「影響」するのですから、決して軽く見るべきではありません。だからこそ、親御さんは子どもに与える本の内容を吟味しなければならないと思います。まず親が読んで、子どもにとって適切な内容か、今読ませるのは適切な時期なのか、チェックするべきでしょう。

■ 想像と空想の力

「果汁100%の広告」の項で前述しましたが、人間の脳は、時間が経つと本で読んだこと（疑似体験・記憶）と実際に経験したことの記憶を区別できなくなります。間違った記憶を〝真実〟だと思い込み、その〝思い込んだ真実〟について繰り返し思い出していると、何度も何度も頭に刷り込むことになって、〝思い込んだ真実〟の真実性が頭の中でさらに強化されます。もっともっと本当の事実だと思い込んでしまう可能性もあります。

リアルな事実と空想の世界が区別できず、実生活に支障を来《きた》す場合は、〝病気〟と見なされてしまいますが、病気ではない人たちであっても、実はかなりの部分で事実と空想の区別ができていないのです。

私は本を再読することがよくあります。新しく読む本がないときなど、以前に読んだことのある本を持ち出して読むのです。この再読は本で読んだことが疑似体験であって、現実・事実ではないことを確認する一助になるかもしれません。それに時間の経過とともに人は変わりますから、本を再読すると以前とは違った感じ方や新しい発見に出会うことができます。幼いころに読んだ絵本でも、「いいなあ」と、大人になった今、思うことさえあります。

読書による疑似体験（想像・空想）と現実とを混同してしまうのは避けるべきですが、読書に想像は欠かせません。本のストーリーやキャラクター、本が描き出す世界を頭に浮かべ、

「この話の続編があればどうなっているだろう」

「私が作者なら、こういう展開にするのに」

「私がこの本のキャラクターになったらこうするだろう」

などと想像力を働かせれば、読書体験が広がり、読み手の中に蓄積されてゆくはずです。

私は小さいころからの癖でしょうか、よく空想をします。仕事中はしませんが、誰かと話をしている最中でも空想をすることがあります。相手には失礼だと知りつつ、

相手の話を聞きながら、または学校で先生の授業を聞きながら、別のことを空想するのです。生活に支障があれば問題ですが、空想することで読書体験がより身近なものとなり、広がってゆくことだけは確実でしょう。

3章

書く

■まず「自分は何者なのか」を書いてみる

私たちには、自分が何者であるか知りたいという欲求があります。と同時に、何者であるかを明確にしたいという欲求も併《あわ》せ持っているようです。

左ページの上段に掲げたのは、J・S・バッハ（Johann Sebastian Bach）のサインです。縦横それぞれに描かれた五線が交わる中心点に、音符（全音符）があります。この音符は4方向どこから見ても真ん中に位置していますが、よく目を凝《こ》らすと、すべてドイツ語表記の「b」（バッハの頭文字）に見えるようになっています。それに三つのクレフ（音記号）と二つのキー記号を使うことで、左から時計回りに読むと「BACH」になる、とも言われています（bフラットが『B』、bナチュラルが『H』といった具合に）。

非常に手の込んだサインですが、バッハはさらに自分がつくった曲自体にも自分の名前を取り込むようなこともしました（左ページ下）。ご存じのように「ドレミファソラシ」の音階《おんかい》は「CDEFGAB」とアルファベット表記されます。バッハはこれ

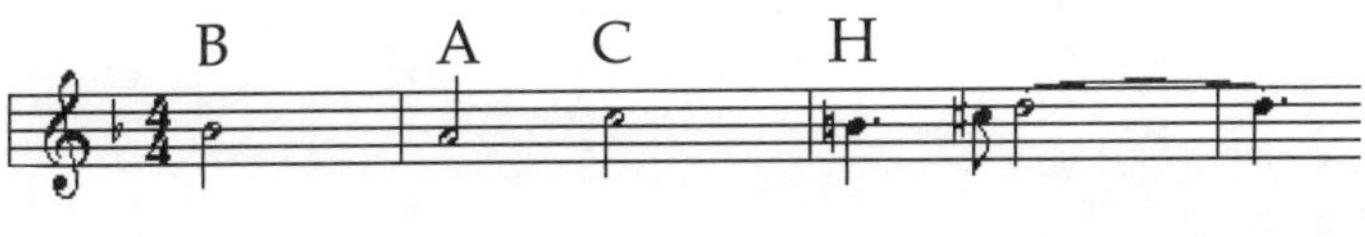

バッハのサイン（上）と楽譜の一部（下）。自分の名前を入れ込んでいる

を利用して、後世に誰かが楽譜を見たときに、「これはバッハの曲だ」と分かるようにしたのでしょうか。ショスタコビッチも同じようなことをしています。

私もペンを持ちはじめた小さいころから、すでに自分なりのサインを「書いて」いました。左ページのように、ちょっと変わったサインです。今、見てみると何を意味しているのか分かりませんが、おそらくそれなりの意味を持っていたのでしょう。

また、ピアノを始めた4歳のときには、自分のパスポートに「小さなベートーベン」と署名しています。「自分」を表わす文字としてのサインを「書く」ことで、自分の存在を確認したかったのかもしれません。とにかく幼いころの一時期、私はたくさんサインを書いていました。

「書く」という行為によって、私たちは頭の中で考えていることを、具体的に目に見える文字に置き換えることができます。抽象《ちゅうしょう》の具象《ぐしょう》化と言えるでしょう。同時に「書く」ために文章を組み立てるという行為によって、自分の考えを明確かつ理論的にすることができます。これは逆に、具象の抽象化と言えるでしょう。いずれにして

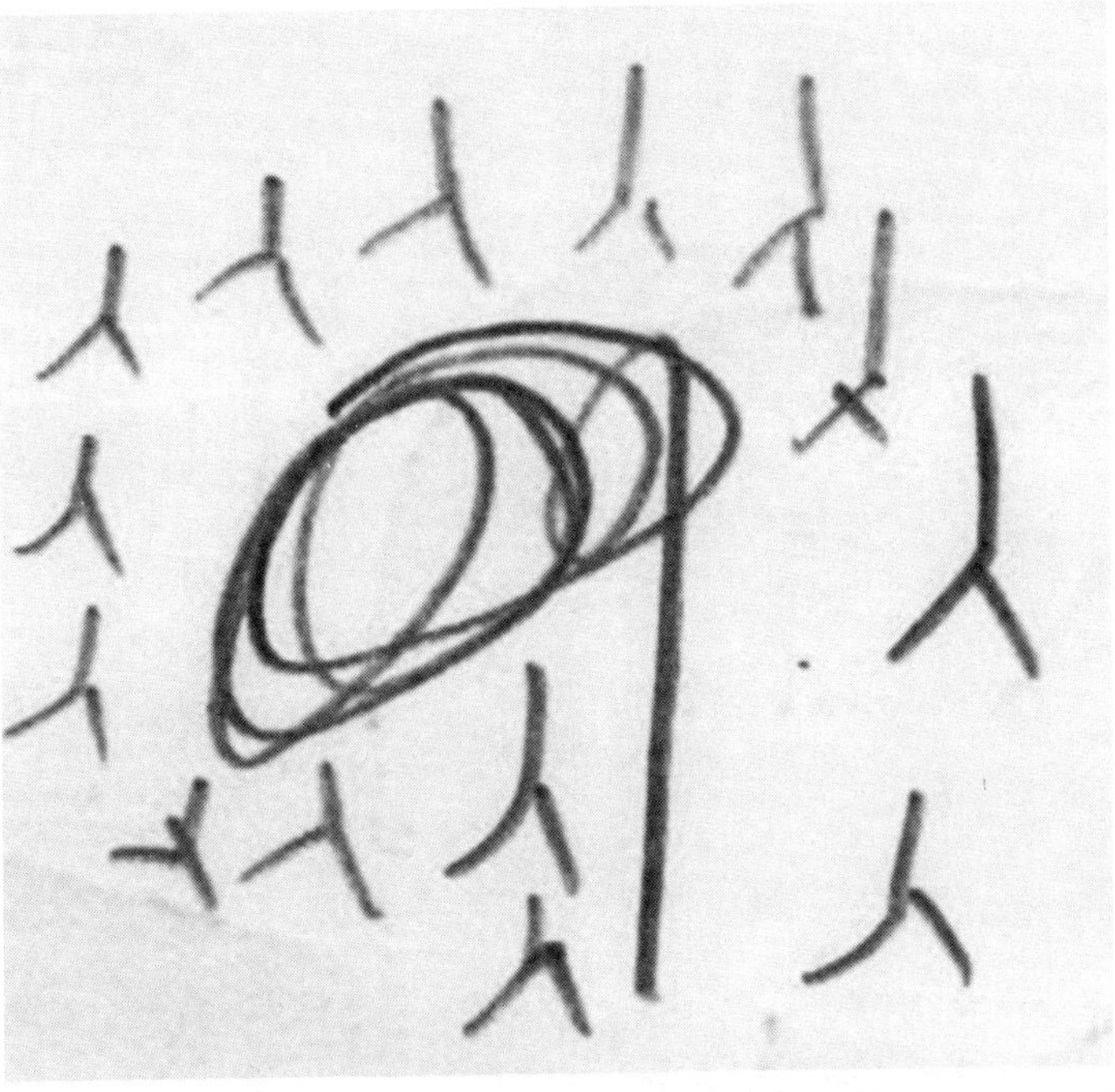

著者が幼いころのサイン。両親には鳥の足跡のように見えたが、意味は不明

も、「書く」ことで自分の考えを明確にし、その明確になった考えが適切であるかどうかが確認できるのです。

たとえば何かを習った際に、その内容や自分が感じたことなどを書き留めたとします。このとき、「書いた」という行動によって、習ったことに対する第一歩を踏み出したことになります。行動を起こす主体はもちろん自分自身です。したがって「書く」ことは自己理解の表現行動と言えるのです。

とくに「自分」について書くことは、自分に対する理解が増すのに役立ちます。日記のように毎日、何かを書きつづければ、単なる自分の記録にとどまらず、感情表現や成長の度合い、自分自身の性格まで見えてくるでしょう。静かな時間を確保して自分に向き合い、「自分のこと」について書く。自分という存在を知るうえで、最も大切なことだと私は考えます。

私たちは自分のことを知っているようで、実はよく知ってはいません。どこから来て、どこへ向かうのか。これから何をすべきなのか。自分自身の中でコンセンサスができあがっているわけではないのです。そのうえ、どんどん変わってゆく自分をつかみ切れてもいません。だから世の中が混乱し、良心や理性や思いやりのない行動が、いつまで経っても消えないのです。

おそらく大昔から、人は「奴隷労働はよくない。奴隷解放をしなければならない」と、頭の中では分かっていました。しかし実際に奴隷解放宣言がなされたのは、今からわずか150年前のことです。人類の歴史が始まって以来〝所有物〟とされてきた奴隷が、同じ人間として認められるまでには、気の遠くなるような時間がかかったわけです。

ということは、私たちは自分自身に問いかけてくる「頭の中の自分」を無視していたのでしょうか。「恐れずに立ち上がり、自分の意見を言うべきだ」という、勇気ある「頭の中の自分」の声をわざと聴《き》かなかったのでしょうか。それほど「自分」とは、統一（コンセンサス）されておらず、知っているようで知らない存在なのです。

「自分のこと」を書きつづければ、自分を振り返り、瞑想して、徐々に「自分」に近づいてゆきます。自分の中にある自分（それは精神とか魂と言われます）と仲よくなって、心身両面で落ち着いてくることでしょう。そして「自分らしい自分」として生きていけるのではないかと思います。

■「書く」とは、自分の思いを「外に出す」こと

人は考える自分、感じる自分を意識することができます。それを言葉や感情で認識し、文章で「書く」ことや絵で「描《か》く」こと、あるいは音楽で「表現」できるということは、まさに「人間であるから」です。

人間は誰でもこうして自己の認識を「書き」ます。これはごく自然なことです。だから「書く」（自分の思いや考えを外に出す）ときには、いたずらに大げさにしたり、背伸びしてよく見せようとしたりしないことです。そのほうが無理なく「外に出す」ことができるでしょう。

自分の認識を自分の外に出さないままでいると、いずれは忘れてしまいます。または、自分だけがその思い・考えをしまい込んでいるので、誰にも分かってもらえず、やがてその思い・考えをあなた自身がしなくなっているかもしれません。私たちが思うこと・考えることは「自分の外に出す」ことによって初めて「産物」になります。その産物のおかげで、世の中は進歩し、便利になり、人間の過《あやま》ちが正されてきたのです。

人は1冊の本を読み、1枚の絵を鑑賞し、1曲の音楽を聴いて、感動を覚えます。本や絵や音楽という心の奥から出てくる表現一つで、私たちは「美しい」と感じたり、「楽しい」ものを見つけたりします。

ここで「美しい」「楽しい」と思うのは、一人だけではありません。同じ表現を、同じように「美しい」「楽しい」と受け止める他人がいます。そのとき、私たちは文化や価値観を共有し、自己と他者が理解し合い、つながることができるわけです。だからこそ、自分の中にある思い・考えは外に出すべきなのではないでしょうか。

「書く」ことで、自分の思い・考えが想像とともに、さらに広がっていきます。想像が広がれば、やがてそれがあなたに大きな夢やアイデア、もしくは問題解決策を与えてくれることでしょう。文章に限ったことではありません。図でもチャートでも走り書きでも、「外に出した」ものすべてが想像につながります。そこから創造的なものが生まれます。「想像」は「創造」を呼ぶのです。

私の両親は、「読む」ことと「書く」こととの両方を、とても奔放《ほんぽう》にやらせてくれました。先に小さいころのサインのことを記しましたが、ペンを持って文字が書けるよ

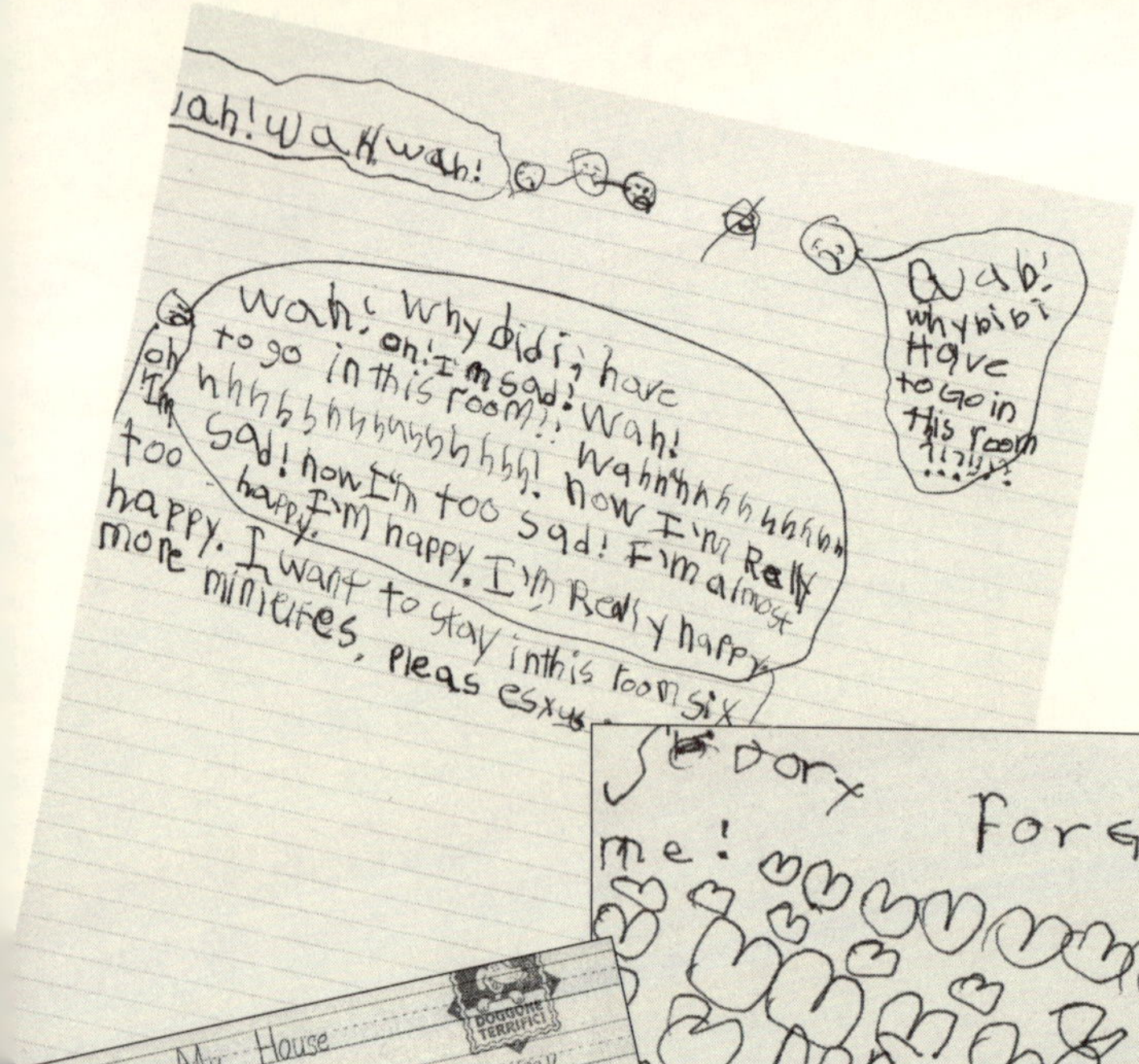

Wah! Wah Wah!
Wah! Why did i have to go in this room!! Wah! oh! I'm sad! hhhhhhhhhhhhhhh! Wahhhhhhhhhhhh oh I'm sad! now I'm too sad! now I'm Rally too happy. I'm happy. I'm almost happy. I'm Rally happy. I want to stay in this room six more minites, pleas esxus
Wah! why did i Have to go in this room ?!?!?!

◀4歳のころに書いた「反省文」
（詳細は次々ページに）

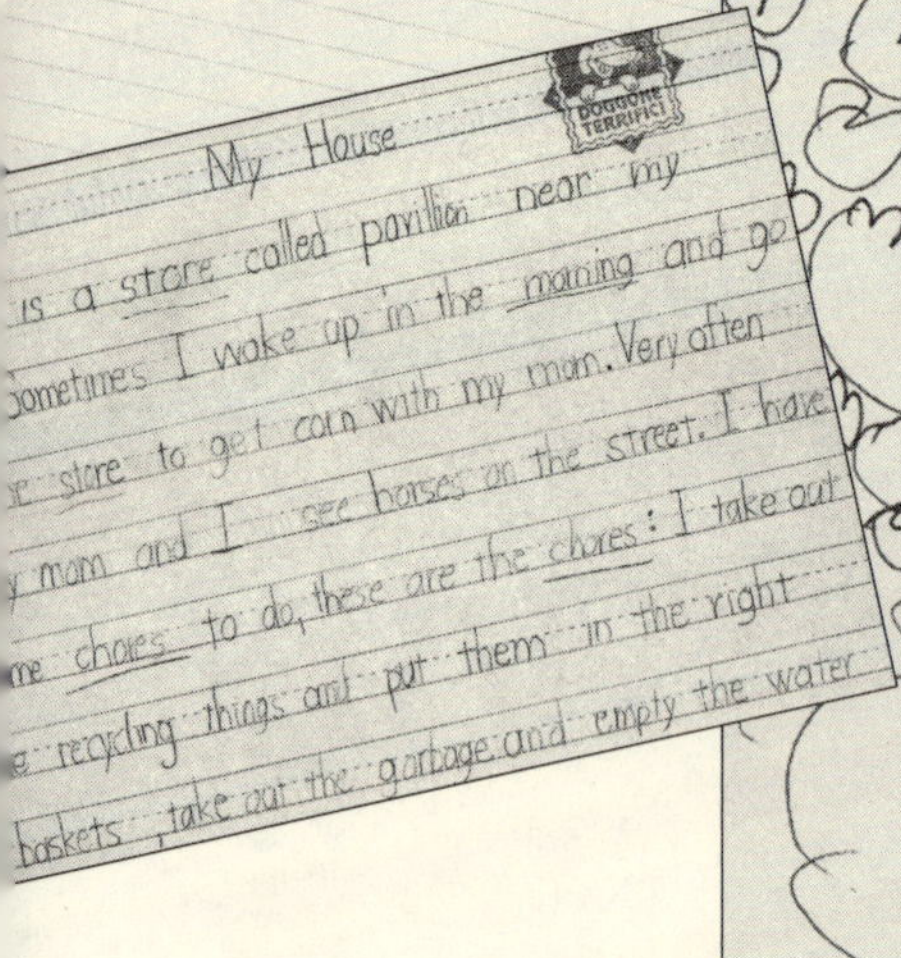

DOGGONE TERRIFIC!
My House
is a store called pavillion near my
Sometimes I wake up in the morning and go
e store to get corn with my mom. Very often
y mom and I see horses on the street. I have
me chores to do, these are the chores: I take out
e recycling things and put them in the right
baskets, take out the garbage and empty the water

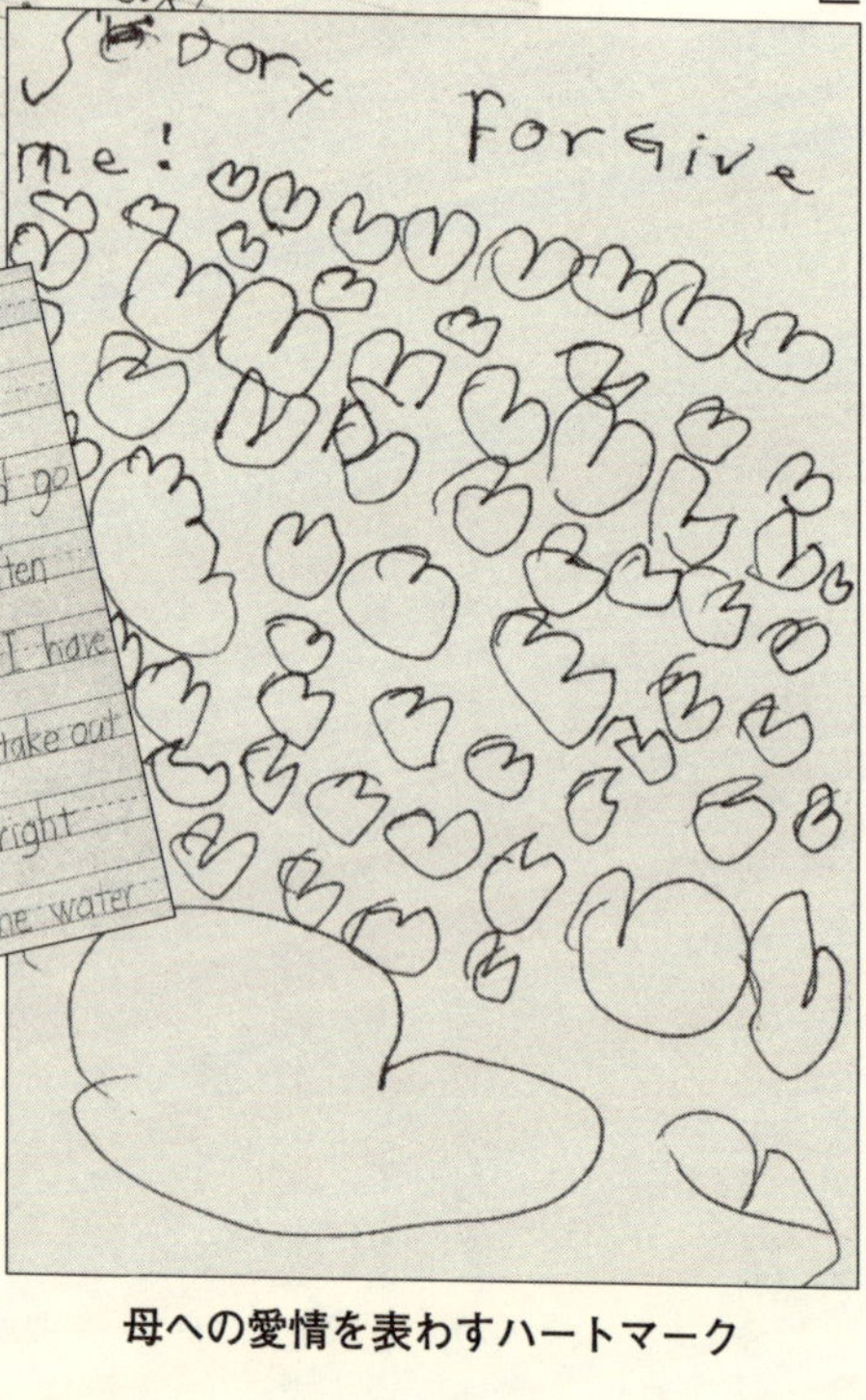

Sorry Forgive me!

▲こちらは4歳のときの作文

母への愛情を表わすハートマーク

カラーペンを使って書いたモーツァルトの楽譜（ただし自己流）

うになった私は、いたるところに落書きをしました。それでも両親が私に怒ったことはありません。

妹が生まれると、私も妹も自分用のポケットサイズのノートを持ち歩くようになりました。いつでも〝落書き〟ができるように、というわけです。

家族でレストランに行ったときなど、料理を待つ間に、私や妹が必ず「ペンある?」「紙ある?」と言いだします。そんなことが当たり前となり、父も母も必ず私たちのためにペンを余分に持ち歩いていました。自分用のノートがあるのにもかかわらず、なぜ「紙ある?」と聞くのかといえば、書くことがないときにはノートを開く代わりに、折り紙を始めるからです。

■母に叱《しか》られて書いた「反省文」のことなど

108ページに掲載したのは、私が4歳のころに書いた「反省文」です。母に叱《しか》られると、私はリビングの隅や別の部屋に行かされ、椅子に座っていなければなりませんでした。この〝お仕置き〟を、我が家では「タイムアウト」(timeout)と呼びます。タイムアウトの間、私は一人ぼっちです。妹と遊ぶこともできません。

このタイムアウトのときに、母が私に「何が悪かったのか書きなさい」と命じることがありました。それで書いたのが「反省文」です。まだ幼く拙《つたな》いので、たいそうに「反省文」と言えるほどのものではありませんが、文章あり、絵柄ありで、今見るとなかなか面白いです。

試しに108ページ上段の「反省文」を日本語訳してみましょう。


《ワー、ワー、どうして僕はこの部屋にいなくちゃいけないんだ？

ワーーーーー（泣き声）！　僕は本当に悲しい！　僕は悲しすぎる！

僕はもうちょっとでハッピー。僕はハッピー。僕は本当にハッピーだ。

僕はハッピーすぎる。だからあと6分、この部屋にいたい》

母に叱られたので「僕は悲しい」（I'm sad.）と書いているのですが、そのまま書きつづけて、いつの間にか「僕はハッピー」（I'm happy.）に変わっています。

なぜ悲しかったのがハッピーになるのでしょうか？　挙げ句の果てに「僕はもっと

この部屋にいたい」とまで書いています。しかも「6分」という延長時間まで指定して。

もう1枚のほう（下段）は、母に「ごめんなさい。許して」（Sorry. Forgive me!）と書き、「ママが好きだ」という意味でハートをいくつも書いています。おそらくハートを書くこと自体が楽しくなったのでしょう、たくさんのハートで紙を埋め尽くし、しかもハートがだんだん大きくなっています。ハートを「書いて」ゆくことで落ち着きを取り戻し、ハッピーな元の状態に自分が戻っていることが分かります。

109ページにあるのは、モーツァルトのセレナーデ「アイネ・クライネ・ナハトムジーク」の音符です。とは言っても、このころ私は正式に音楽を習っていたわけではありませんから、いわば自己流の楽譜です。

私は幼いころから、浮かんできた詩やストーリーやメロディーなどを自分なりに書いていました。詩やストーリーは文字を覚えるにしたがって、すぐに書くことができます。ただメロディーとなると、本来なら五線譜を前に、きちんとした楽譜の表記法で書かなければなりません。しかし私は、音符の書き方を満足に知らなくても、自分だけに分かる方法でかまわないと考え、何にでも書き写していたのです。

ちなみに「書く」ことで苦労したのは、大学院で博士号の研究中、当時、大学で働いていた研究者の方から別の研究所で働くための推薦状を依頼されたときです。初めてのことなので何日も考え、ようやく書き上げましたが、幸いにもその方が無事に仕事に就くことができ、肩の荷が下りた気がしました。

■「本当の自分」をどうやって表現するか

父は「さまざまな思いや考えを豊富に抱えている人は、本であれ絵であれ、音楽であれ、どんどん表現するべきだ」と言いつづけてきました。「表現するのは、思いや考えを他の人に伝え、他の人と共有する義務があるからだ」という趣旨で話してくれることもあります。

私は父が主張するところの「どんどん表現する」というよりは、何度もあれこれ考えて、ゆっくり進めるタイプです。それでも「自分の中にある思い・考え」を表現してゆくことに異存はありません。

あるとき、父に「どうしても絵がうまく描けない」と相談したことがあります。すると父は、こう言ってくれました。

「それは祥が、描こうとするものを見ることに集中しすぎているからだ。そうではなく、自分が描いている絵のほうをもっと見なさい。集中すべきなのは、その絵が描きたいと思うものになっているかどうかだ」

書いた（描いた）ものを見直すことが重要だ——父の言葉は、そんなこと教えてくれます。言われてみればそのとおりで、描き手である私の目は対象（描こうとしているもの）を見ながら、一方で描いている絵も見ています。対象は3D《スリーディー》（3次元）で、それを私たちは頭の中で情報処理してイメージとして認識します。

この時点で私たちは、見た「現実」をそのまま認識しているわけではありません。同じ犬を見ても「かわいい、怖い、大きい、小さい、元気、落ち着きがない」など、見る人や見る時間で違った認識をします。物的世界の3次元を自分の内部の次元に書き換えているからです。

絵も同じで、３次元のものを２次元の画面に描き換える作業ですから、ただ目の前のものだけをじっくり見ていても、それらしい絵は描けません。意識して自分の絵を見て、自分の頭でそれをイメージとして受け取り、そのイメージが現実にある３次元のものと似ているかどうか――という頭を使った作業を必要とするものです。言い換えると、絵（２次元の画面）を見る自分の目をうまくだまして、「これは３次元のものだ」と自分の頭が勘違いするくらいの絵に描き換える技術を必要とします。

さらに父の持論は、こういうものです。

「しかし、自分の目に嘘をつくような技術を習得することが、絵を学ぶということだろうか。大切なのは、見たものをそっくりに描くことではないのではないか。見たもので自分がどう感じたのか認識すること。そして、どうして自分がそのように感じたのかを自分に問いかけることだ。そうすれば今の自分をより理解する。さらに、自分の表現すべきことが明確になるので、見た目ではそっくりでなくても、自分の表現したいことを見る人に明確に表現できる」

文章を書くことも、自分の頭を使って書き換えていくという意味で、同じプロセスでしょう。いえ、絵と比べれば文章で表現するほうが、もっと複雑でエネルギーを使うことかもしれません。絵は2次元の表現ですが、文章は言葉によるまったく別次元の抽象世界での表現です。その分、絵のような表現上での制約がありません。文章ではどの国にもすぐに飛んでいけます。1000年前の時代にもワープできますし、別人の心の中にも入っていけます。表現するには無限の可能性があります。

もちろん絵と同じように、文章も事実・現実を100%そっくりそのまま表現することはできないでしょう。歴史書だから事実（史実）に忠実だと思っても、すべての事項を網羅的には述べられませんし、述べ方によって受け取り方も大きく違ってきます。また受け取る読み手が替われば、まったく違った受け取り方になります。

ですから、何かを書くときには、「うまく書こう」などとは気にしないで、とにかく書くことだと思います。その書いたものをまた読み、自分が何をどう感じ、「なぜ自分がそう感じるのか」を問い続けることです。そうすることで自分をよく理解し、成長してゆくことが大切なのです。それを継続していけば、自分の意見や表現したいことが、おのずと現われてくるはずです。

そして、自分の書いたものが「自分の思い・考え」どおりになっているかチェックすること。そのうえで書き直すこと。このプロセスをたどり、繰り返すことで、「本当の自分」が表現できるようになってゆくのだと思います。

【家族から②】兄と私――矢野小百合（妹）

●卒業式の帽子

兄が「9歳の大学生」だったころ、私は3歳でした。その後、私が6歳のころまで（兄が大学を卒業するまで）私はいつも兄と一緒に大学に行き、授業が終わるのを母と待っていました。兄がピアノを練習するときは、近くでいつも聞いていたようです。私は兄を見ながら、いろいろなことを習いました。だから自然と本好きで音楽好きになっていったような気がします。

たった一人の兄が今までしてきたことを、私はとても誇りに思います。兄が大学を卒業した後のことですが、私は兄が卒業式のときにかぶっていた帽子を拝借して、どこへ行くにもずっと頭に載《の》せていたそうです。いつも一緒にいて、どんなときも頑張っていた兄を見ていたからだと思います。

私は10歳から大学に行き13歳で卒業しました。兄は口には出しませんが、私のことを心配してくれました。gifted（天才児）と呼ばれる子どもの能力に対して、偏

兄と妹、どちらも「天才児」ゆえに「常識との戦い」を経験した

見を持つ人たちの話や行動を経験しているからです。

物理学など自分も履修したことがあるクラスについては、「こういうことはもう習った？　あれは面白いね」などと、興味が湧くようなことをよく話してくれましたが、やはり兄は、子どもという存在に偏見を持つ人たちに失望感があるようです。

教育者でさえも「子どもが大事」とは言うものの、それにしては本当に子どもの能力や気持ちを自分で見て理解しているのかどうか疑問のようです。

兄も私も、年齢のせいで子どもの能力に限界があるとは思っていません。勉強だけでなく、人間の機微や人生に対する洞察なども、年齢で決められるものではありません。「モーツァルトの音楽を聴いてみればそれが分かるはず」と言います。極端な表現をすれば、学校教育は「みんなに同じやり方で同じことを教える」ことをしながら、同時に「個性が大事」「多様性（diversity）」が大事と言います。あまりにも「口先だけのサービス」が多いのではないかと思うこともあるようです。

●「天才児への偏見」を味わった日

兄が医学大学院に申し込んでいたときのことですが、ある有名大学では2次試験の面接時に私たちの両親を呼び出し、数分間面談しただけで医学大学院の入学を拒否した教授がいました。

面談では教授がまず父に話しかけ、それに対して父が答えました。するとその教授は、「父親が日本人なので祥の英語にも日本語のアクセントがあり、英語が流暢《りゅうちょう》でないだろう」と言い、それで面談が終わってしまったのです。

家族全員で飛行機に乗って行ったのですが、思わぬ理由でした（本当の理由は分かりませんが）。とくに仕事を休んで面談に臨《のぞ》んだ父は、とても惨《みじ》めな気持ちだったそうです。教育者の中にこういう方がいるのは、父だけでなく兄や私にとってショックなことでした。

今までこういうことは誰にもあまり言いませんでしたが、兄は最近になって、言うようになりました。それまでは、年齢や「天才児」に対する偏見が間違っていることを、自分自身の行動で証明しようと頑張っていた部分もあったからのようです。「常識との戦い」というのはまさにそのとおりで、私も兄も「常識と戦う」経験をしています。それが少しでもなくなることを願っています。

そういう毎日の中で、私たちの母は、いつもやさしく、明るく、一緒にいてくれました。兄も私も本当に母に感謝しています。

●タイプは別々

兄と私は、習い方やものごとの感じ方などの面で違っています。たとえば初めての料理をつくるとき、兄は最後の最後まで料理法に示されたとおりに行ないます。私は、そこまで細かくしません。兄は何ごとにも慎重です。私は兄と比べると、初めから思い切ったことをするほうかもしれません。

また私から見ると、兄は自分の能力、性格などをよく理解していますが、ごくたまに、小さなことでも自分に対して厳しすぎる評価をしていることがあるような気がします。それほど厳しくならないで、もっと楽しめばいいのにと思うことがあります。

兄とは一緒にコンサートや植物園や美術館に行ったり、本や音楽や作曲のことなどを話し合ったりして、楽しい思い出がいっぱいです。幼いころは口げんかをしましたが、それは私が兄につきまとったからだと思います。兄がやっていることを私もやってみたい、知りたいと言って、結局は兄の邪魔をしてしまったのです。それでも兄は、いつも最後はやさしく私に教えてくれました。怒っていても我慢してくれていました。両親は、「口げんかすると、祥が負けるね」と笑っていますが、本当は兄が折れてくれたからです。

私は生物学で大学を卒業した後、音楽学校でバイオリンを専攻しています。兄が習いたかったという音楽理論や作曲、オルガン演奏などは、今は私が習っているので、よく二人の間で話題にします。

お互い、一人しかいない兄妹《きょうだい》です。大切で、少し心配になる存在です。ずっと今のような兄妹関係でいたいと思っています。

4章

考える

■「考える」とは、どういうことか

ここまで私は、本文の中で「頭の中の自分」「もう一人の自分」という表現をしてきました。

私たちは自分の中に「考えている自分」を認識することができます。デカルトは、この認識こそが人間の存在証明だとして「われ思う、ゆえにわれあり」（『方法序説』）と表現しました。パスカルは「人間は考える葦《あし》である」（『パンセ』）と述べ、やはり「考える」ことが人間の偉大さと尊厳の証明なのだ、としています。

この「自分が認識する、考えている自分」は、たしかに認識できるのですが、それはどこかつかみどころがなく、無制限で、不思議な存在でもあります。ある意味で「考える自分」は、どこへでも行き、どんな考えもでき、何人もの「自分」に同時になれる（「自分」はたった一人のはずなのに、頭の中ではきつい性格の自分、やさしい自分、疲れた自分などが、個々に感想を言うことが可能です）という、すごい能力の持ち主です。

また、本能で感じたり動いたりする「自分」に対して、「頭の中の自分」（考えている自分）は「それはやめたほうがいい」と話しかけ、ブレーキをかけることがあります。たとえば、「自分」が甘くておいしいケーキをたくさん食べているときに、「あまり食べると下痢《げり》するから少し控えなさい」と、忠告してきたりします。「忠告する自分」は、過去に「自分」が下痢をしたという記憶を持っているか、あるいは他の人から「甘いものを食べすぎると下痢をする」と教えられたのでしょう。

さらに、食べすぎのような健康状態に関わる忠告だけでなく、「そんなことをして本当にいいのか」とか、逆に「それはいいことをしたね」と、道徳や良心に照らし合わせた助言をくれることもあります。

こうして、今・ここにいる「自分」の中に「考える自分」がいるおかげで、私たちは何らかの判断を下すわけですが、当然、その最終的な判断を下すのは「自分」以外の何者でもありません。

私たちは一秒一秒、今何をするのか、どのように生きるのか、「自分」で決めています。「何もしない」ということも自分で決めています。

他の人の言いなりになって猿真似《さるまね》のように生きることも、間違いと知りながら「まあいいや」と生きることも、自分自身は否定的でも「しょうがないや」と他人を喜ばせる演技をするような生き方も、結局は「自分」が決めているのです。

だから私は思うのですが、「自分」の中にある「考える自分」は、「自分の人生は自分が決めることなのだから、よく考えて納得がいくようにしなさい」と、いつもそばにいてくれるのではないでしょうか。そして自分らしくない判断・決断をしそうなときはアラームを発してくれる存在のようにも思えます。

「考える」とは、学校で出されたテストの問題を解くための手段ではありません。人間が人間として生きるための必須事項であり、「自分」が自分に向き合い、自分というものを知り、観察し、自分にとって最良の決断を下すための活動なのです。

■想像する、分析する、創造する

複雑な人間社会では、動物のように〝経験〟だけで生きていくことができません。

たとえば自動車を運転する前には、教習所で自動車のメカニズムや運転の方法、交通ルールを習います。それから実際にハンドルを握るので、人間は交通事故を防ぐことができるわけです。ところが犬は教習所に行きませんから、道路を渡るのは毎回が危険で怖いことになります。犬が無事に道路を渡るには、〝経験〟の蓄積によって危機を回避するしかないのです。

逆に、何ごとも経験しないと分からないと言うのであれば、人間の人生は短いですから、すべてのことを経験するのは不可能です。幸いにして人間は、文字で知識を記録し、教え、伝えることができます。私たちはその記録を手がかりにして生きていきます。そして私たちは、知識をもとに「想像」することで、実際には行けない場所や時間に行き、あたかも本当にそこにいるような〝経験〟ができます。それが「創造」です。前述したように「想像」が「創造」を導くのです。

アインシュタインの有名な「光の速度は一定で、光よりも速い物質はない」という理論（特殊相対性理論）を、学校で習った方も多いでしょう。ご存じのように物理学上の大発見ですが、アインシュタインはこの理論に到達するまで「想像」を繰り返してきました。それが「思考実験」と呼ばれるものです。

「顔の前に手鏡を持ち、光と同じ速度で飛んだら、鏡に顔は映るのだろうか」

「宇宙船が光に近い速度で飛行したら、宇宙船の中では何が起きるのか」

そうした実現不可能な実験を、アインシュタインは頭の中で行なったのです。

人間は大昔から「鳥のように空が飛べたらいいなあ」と思い、「どうすれば飛べるのだろう」と想像しました。その結果、20世紀の初めに飛行機が誕生します。私たちの文明は、すべて想像の賜物《たまもの》と言えるでしょう。

ふとした想像がきっかけとなり、試行錯誤を積み重ねて結論や結果がもたらされます。想像したものを実際につくってみる、やってみる、分析する、別のものと比較する――そのプロセスが試行錯誤です。私たちが「想像する」ということは、どちらかと言えば自由で感覚的な世界ですから、結果を求めるためには感覚を現実に落とし込まなければなりません。それには「想像」を「分析」し、間違いを消してゆく必要があります。

すると、「真実の発見」に出会うことができます。いくつかの真実を知れば、それらを組み合わせたり、現実生活に当てはめて考えたりする道が開けます。そこから私たちの生活に役立つ発明や解決策が生まれるのです。

現代のように情報が溢れ、簡単に手に入る社会では、情報をどのように使い、生活に役立たせるかという「創造的活動」がますます求められることでしょう。したがって私たちは、想像と分析と創造的思考・活動を、もっと繰り返してゆかなければなりません。

「創造的」とは決して難しいことではなく、私は美術の時間で絵を描くときのように考えています。方法としては、それぞれ違ったものを組み合わせてみる、そのもの自体を壊してみる、他のものと比較してみる、1点だけを誇張してみる——などがあります。たとえば1個のリンゴを描こうとした場合、次のような方法で違ったリンゴの絵を「創造」することができます。

① リンゴの脇にバナナを置いて描く（違いを際立たせる）
② リンゴを半分に切って、中身だけを描く（一般的なイメージを壊す）
③ リンゴを実際よりも大きく描く（存在感を強調する）
④ リンゴの実際の色よりも真っ赤に描く（色を印象づける）

創造（クリエーション）と言うと難しそうに思うかもしれませんが、私たちは創造主＝神様ではないのですから、「無」から新たに何かの「有」を生じさせることはできません。私たちは自分の創造的活動を、難しく考えることはないのです。

■ 頭の中を習慣づける

むしろ私たちにとって難しいのは、「今までに習ったことや経験に左右されることなく、自由に想像すること」ではないでしょうか。ショーペンハウエルは、次のような意味の言葉を残しています。

《真実の発見が難しいのは、ものが事実と違って見えるとか、合理的に考える能力がないからではありません。それはすでに植えつけられている偏見によるものです》

（*The Essays of Arthur Schopenhauer Counsels and Maxims*）

偏見を消し去り、自由な想像をめぐらせるためには、自分がそれまで置かれてきた環境や蓄えた知識を理解したうえで、意識的にそれまでとは違った想像の仕方に努める必要があります。アインシュタインは次のように言います。

《私は何カ月も何年も考えた。99回も考えた。それでも結論は間違いだった。100回目で正しい結論が出た》

《私たちが考えてつくりだした（社会の）問題を、それと同じ考え方で解決できるはずがない》

《今の社会は私たちの考えによってできあがったものだ。そうであれば、今の社会を変えるには、まず私たちの考えを変えなければいけない》

《大切なのは問いつづけることだ。問いを止《や》めてはいけない。好奇心は、何か理由があるから湧き出てくるのだ》

アインシュタインは「思考実験」の項でも述べたように、想像という努力の大切さを知り、実践してきた人物です。想像しつづけ、考えつづけて、革命的な大発見に至りました。いわば「頭の中の習慣づけ」を怠《おこた》らなかったのです。

人体の細胞の中で、脳細胞が最もエネルギーを消費すると言われます。やはりアインシュタインは「いちばん大変な労働は考えることだ」という趣旨の発言をしています。しかし、大変だからと言って思考をストップさせては元も子もありません。繰り返しますが、「考える」ことは人間が人間として生きるための必須事項だからです。

人間の脳の長所(実は欠点でもありますが)は、考えれば考えるほど脳神経がつながり、考えやすくなるということです。その意味では、新しく習った知識について考え、解決したい問題について想像するなど、「考える」をとにかく頻繁《ひんぱん》に行なうべきでしょう。空想し、想像し、考えつづけることです。

考えることに特段のルールはありません。たとえば過去に空想・想像したことに立ち戻り、その空想・想像についてさらに「考えて」ゆくことで、新たなアイデアや解決策が見つかるかもしれないのです。

一度は「考えて」みよう

ここで、読者であるあなたに「考えて」みていただきたいと思います。以下は私からあなたへの「問い」です。

＊私たちはみんな、生まれて１００年も経たないうちに、何の跡形もなく消え去ってしまいます。いつかは太陽もなくなってしまいます。そんな中であなたは、自分の行ないが（他の人の行ないよりも）よいことで、意味のあることと正当化できますか。

＊私は自分の人生に意味があってほしいです。いいえ、たくさんの人がそう思っています。それでは「意味がある」「よい」「悪い」とはどういうことでしょうか。またそれらは存在するのでしょうか。

＊親は子どもに「無償《むしょう》の愛」を与えます。また誰もが、自分以外の何か（もしくは誰か）のために、自分の人生を費《つい》やしています。何かに何かを与えています。では、「与える」のではなくて、もしあなたの人生の一部を「売る」ことができるとしたら、何に売りますか。そのとき、どれくらいの価値を求めますか。

＊職業や仕事自体に「意味がある」「よい」「悪い」という評価をすることはできません。たとえば私のような医師という仕事ですが、すべての医師が「よい」わけではありませんし、すべてが「悪い」わけでもありません。幼い子どもを実験台にしたナチスの医師がいる半面、私が尊敬するシュバイツァー博士のような人もいます。そこであえて問いますが、私はどのような医師になるべきでしょうか。

＊ここに二人の患者がいます。一人は大企業の会長。もう一人は生まれたばかりで、すでに身体に異常のある赤ちゃんです。もしあなたが医師で、二人のうちどちらか一人だけを助けることができるとしたら、あなたは会長と赤ちゃん、どちらを選びますか。

＊なぜ世界から争いや偏見が消えないのでしょう。

＊今の社会を前提として、「人種」の意味を考えてください。また、このことに対する社会の役割は何でしょうか。

＊国家や地域同士の争いが続いています。では争う相手の国に対して怒ることと、その国に住む個人（国民）を憎むことは同じでしょうか。

——思いつくままに、「考える」練習問題を8つ並べてみました。もちろん、以上の8つの問いに対して、それぞれ違った「考え」が出てくることでしょう。それでいいのです。大切なのは、自分の中で一度はじっくりと考えてみることです。そして結論を出してみることです。自分で考えて出した結論だけが、後《のち》の自分の行動に悔いを残さなくさせるのですから。

■「知る」と「分かる」と「分からない」

「分かっている」ということも、実は曖昧《あいまい》なもののように思います。「私たちが分かったのは『私たちには分からないことばかりだ』ということだ」と第1章で書きましたが、「分かる」「考える」ために必要な「言葉」自体が実は曖昧なものです。

たとえば「月」という言葉があります。世界中の誰もが夜空の「月」を見て、知っています。満月の夜に空を見上げて「どれが月ですか？」と聞けば、みんなただ一つだけの天体を指差すでしょう。

しかし「月とは何か。どんなものか」という問いに対しては、さまざまな答えが返ってきます。月のイメージや理解の仕方が異なるからです。誰かがあなたに「月はこれこれ、こういうものです」と説明して、あなたが「はい、分かりました」と答えたとしても、実はその人とあなたの頭の中にある月のイメージは違っているはずです。

日本人には明るく感じられる太陽も、砂漠地帯に住む人にとっては怖く、危険な存在であるかもしれません。しかし両者は、太陽のことは「知って」います。このように、月を見て「知って」はいても、それが「分かった」ことにはならないのです。「分かりました」という答えは「分かった」ことを意味しません。

なぜなら、あなたが見ている月は「一つの角度から見た月」にすぎず、別の角度からは別の月が見えます。また目に見える月は2次元的で、満月なら平たい円形ですが、本当の月はもちろん球体です。球体であれば角度によって見えてくる表面の模様も変わります。

さらに、夜空に浮かぶ月は小さいですが、実際の直径は約３５００kmで地球の４分の１程度と、かなり大きな天体です。

少し「知った」からといって、それを「分かった」こととするのは誤りなのです。よく他者のことを「彼はああいう人間だよ」と断定的に言う人がいますが、偏見と先入観に基づいた発言でしかありません。自分のことでさえ「分かって」いるようで分からないのに、なぜ他の人の一面を見ただけで「分かった」ように話すのでしょうか。

私たちは月であれ人であれ、あるいは他の何ごとであれ、さまざまな面から多角的に観察し、分析し、理解しようとすべきです。そして、たとえほとんど分かっているとであっても、「いや、まだ知らないことがある。まだ分かってはいない」と、謙虚でいるべきだと思います。

■「質問」が生まれる瞬間

「自分には分からないことだらけである」ということを前提にして、謙虚な態度で

「習ったことは理解した」場合、その「習ったこと」に関し「何かまだ分かっていないことはないか」と、一つひとつ考えてみましょう。そのとき、別の疑問や興味、課題などが出現してきます。これが「質問」につながります。

簡単な例を挙げてみましょう。

「生きているとはどういうことか。あるいは、生物とは何か」

この疑問（課題）については、はっきりしないところがあります。生物を「自分で繁殖し、排泄《はいせつ》することができるもの」と定義すると、私が研究したバクテリオファージなどのウィルスは、自身のみでは繁殖できないので生物と見なされません。ではウィルスは生物ではないのでしょうか？

または、ＳＦの世界に話が飛びますが、サイボーグやアンドロイドと呼ばれる「人間の姿をしているが、人間ではない存在」はどうなのでしょう。彼らは人間の脳を持ち、人間の言葉を話し、人間のように動きます。ただし頭以外はすべて機械でできています。

すると、「脳が考え、決断を下していても、『生きている』とは言えないのか」という疑問が生じてきます。さらには「サイボーグやアンドロイドにとって命とはどういう意味を持つのか」ということも想像しなければならなくなります。

このように現状の生物の定義を理解すると、そのうえで「では、ウィルスは生きていないのか」「サイボーグも生きていないのか」という別の疑問が生まれ、質問につながるのです。

したがって、質問をするときに必要なのは、「自分は何を理解しているのか」を明確にしておくことです。それができれば、大体において質問に対する答えも予想することができます。

■自分には何ができるのか、を考える

大学院時代、友人と話していると、そのときどきのニュースが話題になることがよくありました。当然、友人たちはそれぞれが意見を言います。でも、そこで私が「どうしてそう考えるの」と聞くと、明確に答えられないことが多いのです。彼らの返事

は「マスコミがそう言っていて、自分もそれが正しいと感じるから」でした。「感じる」のは「考える」ことではありません。しかも、そこに「自分」というものがありません。「考え」には自分なりの理由という裏づけが必須なのです。

「みんながやっているから」「誰かに『やりなさい』と指示されたから」が理由であるのなら、悪事にでも平気で手を出すことになりかねません。そんな人たちばかりの社会になったら、「右へ倣《なら》え」の全体主義で、民主主義が成り立たないのではないでしょうか。不正があっても糾弾せず、誰も他人のために立ち上がらない社会となってしまうのではないでしょうか。

それほど「自分で考える」ということには重要性があるのです。

中には「私は何に対しても興味が湧かない」とか「何をしていいのか分からない、考えられない」という人もいるでしょう。いえ、ほとんどの人が似たような状況にあるのかもしれません。再三、述べたように誰も自分のことさえ「分からない」のですから。

しかし、そういう状況からちょっとだけ抜け出す方法はあります。

自分の身の回りにある問題点を探すことです。

自分自身が困っていること、家族が困っていること、友人の悩み――何でもいいですから、そうした身近な問題がないか、「考えて」みましょう。そして問題がみつかったら、その問題に関して自分ができることはないか、考えてみましょう。

また、なぜそのような問題が起きているのか、調べてみましょう。問題の原因、社会的背景、歴史などを調べれば、人間について、社会について、気づくことがあるはずです。もしかしたら自分の無知を気づかされるかもしれません。

あえて「無知」という表現をしましたが、それは個人の先入観や偏見と表裏一体をなすものです。つまり無知とは、無意識に植えつけられた偏見が、その人にもたらす結果なのです。

「偏見」の英語表現はprejudice。これはpre-judgeから来ていると言われますが、「事実や知識を十分に把握せず判断する」という意味です。ですから、偏見とは何も他者に対してだけ向けられるものではありません。多くの人は、自分自身に対しても偏見を抱いています。「私は数学が苦手だ」というのも、実は思い込みであって自分への偏見にすぎないのです。

アインシュタインは「偏見をなくすことは分子を破壊するより難しい」と言いました。

しかし、偏見は自分からも社会からも取り除かなければなりません。それには、まずあなたが意識して「考える」ことです。考えて、考えて、自分を変えてゆく。自分が変われば、やがて社会も変わります。「考える」ことには計り知れないパワーが潜んでいるのです。

5章

習う

■情報を記憶するだけでは「習った」と言えない

この章でお話しする「習う」は、プロローグで述べた「学ぶ」と、ほぼ同義の言葉です。日本語には「学ぶ」と「習う」の二つからなる「学習」という言葉がありますね。

「習う」とは、知識や情報について教えを受け、それを理解し、自分のものにすることです。何かの知識を習えば、細かな部分を思い出せないことはあっても、その知識の持つ意味や、知識を見出すに至った考え方などの大枠は身についているものです。また、その知識が自分にどう関係しているのか、あるいはその知識を知ったときの驚きなども自分自身の中に残ります。

つまり私たちは、何かを習うたびに自分を変えているのです。習う前の自分と習った後の自分は違っており、世界の見え方も変わります。私たちは日々、いろいろなことを習いながら自分を創《つく》っていると言えるでしょう。

たとえば、ピサロ、モネ、ルノワール、シスレー、ギヨマンら、19世紀後半のフランスに登場した印象派の絵は現代人にたいへん人気がありますが、それまでの古典派（写実主義）と比較した場合、かなり雑で劣っているように見えます。しかし、ひとたび印象派の絵を目にして「自分を変えた」私たちは、印象派が描く光と色彩に溢《あふ》れた花や風景のほうに「現実味」を感じますし、その現実味が身近なものとして心に響きます。

人々が初めて印象派の絵を見た１８７４年の展覧会（第１回印象派展）では、作品に対して「まるで小学生が描いたようだ」「未完成の絵だ」との厳しい評価が下されたといいます。ところが私たちは印象派の絵から、写実主義による真実味・現実味とは違う、別の真実味・現実味を感じとることができます。また「写実的でなければ優れた絵ではない」といった絵の見方（ルール）からも解放されて、自由になりました。

当時のパリの画家たちも、印象派の登場によって旧来の絵の見方から解放されています。１８７８年のパリ万国博覧会に日本の浮世絵が出品されましたが、彼らは従来の遠近法のルールを無視した浮世絵の大胆な構図を高く評価しました。浮世絵に代表される日本の芸術がヨーロッパ中を刺激し、ジャポニスムと呼ばれる潮流を生み出したことはご存じのとおりです。

また20世紀に入ると、ヨーロッパの芸術家たちは、アフリカの伝統的な彫刻に新たな美を発見します。アフリカの彫刻は荒々しいけれども、それゆえに漲《みなぎ》る生命力を感じずにはいられません。ピカソがアフリカ美術に影響を受けたことは有名です。

こうして私たちは、何かを新しく「習う」たびに、今いる世界が新しく見え、新しい何かに気づくことができます。印象派やピカソの芸術を通じて、私たちが今まで持っていなかった新たな美意識、新たな価値観を見つけることができたのです。

「習う」とは断片的な情報をただ記憶することではありません。印象派の光と色彩、浮世絵の構図、アフリカ彫刻の荒々しさ、それらの根底にあるものは何かを考えること——すなわち情報を統括するコンセプトや考え方を自分の頭で「考え」て、初めて習ったことになるのだと思います。

■ なぜ学校で習ったことは覚えられないのか

「習う」と言うと、「学校」へ行き「先生」について「教わる」——そんなイメージを持つかもしれません。しかし、別に先生がいなくても習うことはできます。私たちは、日々直面する「経験」から新しいことを「習って」います。言い換えれば、私たちの身の回りで起きていること、それを私たちが感じること、すべてが先生なのです。

むしろ学校のほうが「習いにくい」かもしれません。たとえば、愛する人の好きなものや嫌いなものは、一度聞いただけで誰でも覚えます。しかし学校の授業はどうでしょう。学校の先生が教えることは「何回聞いても忘れる」とか「なかなか覚えられない」と言う人がたくさんいます。

これには二つの理由があると思います。

第一に、学校で教えることは、内容、授業時間、教え方すべてが画一的で、習う側にとって「強要された」かたちになっていることです。

学校できちんと習わないと先生や親に叱られる。

あるいは、学校で習わないと成績が上がらず、有名校に進学できない。

よく聞く声ですが、これは「自分が習いたいから習う」のではなく、「先生や親や世間から見た自分が、いい子で優秀でいたいから」に他なりません。自分らしく振る舞うことなく他者が喜ぶような自分を〝演じる〟のは、意識するにせよしないにせよ、楽しいことではないでしょう。楽しくなければ満足に習えるはずもありません。

第二に、学校で習うことを、「自分には関係ない」と思っているからです。どんな知識でも、最初から自分との関連性を探すことを放棄してしまえば、身につくはずがありません。

私たちは、何を習うのか・習わないのかを、意識のあるなしにかかわらず選んでいるのです。習うという行為は自分自身だけに許されたことであって、他の誰もあなたの代わりに習うことはできません。そして習ったことは、あなた本人だけに影響を及ぼすものです。

新しいことを習えば、その瞬間からあなたは以前のあなたではなくなります。習ったことで〝変身〟したあなたなら、やがて直面する問題を上手に解決できるかもしれませんし、さびしく感じていた世界が楽しく見えてくるかもしれません。それまでは気にも留めなかったことに突然、疑問を覚えて「ちょっと待てよ。変じゃないか?」と思ったり、ワクワクして「もっと習いたい」「習ったことを自分の仕事にしてみたい」と意欲的になったりもするでしょう。

■ 習うことは生きること

1章で前述しましたが、人はアイデンティティに目覚めます。自己を意識し、同時に他者も意識するようになります。そのときから私たちの意識の中に、さまざまな問いかけが生まれます。

最初の問いかけは「自分は何者であるのか」です。この問いかけから、まず自分があり、自分とは違う他人があり、自分を取り囲む環境・文化・歴史などが自分とつながっていることが分かります。そしてそれらを問いただしてゆくと、自分は他の誰とも違った、自由意志を持つ存在なのだと理解します。

「自分は何者なのか」が分かったら、次にはおのずと「自分は何をするべきか。いかに生きるべきか」という方向性や目的が見えてくるはずです。そして自分の目的が決まれば、それを達成するにはどうしたらよいか、つまり自己実現に向かって何を習うべきかも決まってきます。

「習う」ということには行動が伴います。習ったことを実際の行動に移すことで、その確認ができるからです。もちろん状況が変われば目的自体が変わったり、対処方法も変化したりしますから、自分に対する見直しも必要になります。
おそらく人生は、このサイクル――

①自己の確認
↓
②自己目的の設定
↓
③自己実現のための「習い」

――の、繰り返しのような気がします。

生きていくうえで最も必要な能力は「適応力」ではないか、と私は思っているのですが、あらゆる状況に適応してゆくには、つねに自分と自分を取り囲む周囲について習いつづけなければなりません。ですから「習う」とは、まさに自分が生きるということ、自分という存在そのものなのです。

■「学校で教わることは役に立たない」のか？

「習う」ことで自分が変わるためには、心をオープンな状態にしておく必要がありま す。それまでの経験によって自分の中にある、常識やものの見方、歴史、文化などの 束縛から解放されていなければなりません。

そのうえでも、なお「分からない」場合は、あとでまたもう一度「習えば」よいだ けの話です。いっぺんに習わなければならないというルールはありませんし、習うの は本人だけなのですから、本人以外の誰もルールを設定することもできません。

そして、本当に習うことができたかどうかを確認することが必要です。

今、習ったことは自分にとってどういう意味を持つのか。

今、習ったことで自分は何ができるのか。

そうやって、習った知識をすぐ自分に適用し、実際の行動に移してみるべきです。

頭で理解したつもりになって「分かった」だけでは「習った」とは言えず、何の役に も立ちません。習ったことがどう役立つのか、気に留めておく心がけも大切です

「学校で習うことなど、社会に出たら役に立たない」と言う人がいます。しかし、私はその意見に賛成できません。たしかに学校の授業は画一的で、その結果「覚えにくい」のですが、それはシステムの問題であって、「習う」本人の態度いかんで覚え方も変わってきます。

学校で教える学問には、それぞれにおいて「考え方」と「真実の探求の仕方」があります。樹木にたとえれば太い幹の部分で、2章の「読む」で書いたように、私が最も重視するものです。

「学問」を、集積した知識を体系化したものと捉えた場合、その根幹をなすのが「考え方」であり、「真実の探求の仕方」であって、細かな「知識」は枝葉のように付随しています。この「考え方」と「真実の探求の仕方」を学びとり、把握することが大切なのです。

それが身についてさえいれば、学校を卒業して何年か経過し、細かな知識を忘れてしまったとしても、人生のあらゆる場面で生かし、役立たせることができます。逆に細かな知識は覚えていても、その知識を生み出した「考え方」や分析方法を知らなければ応用が利《き》きません。

たとえば哲学は、「習う」ことの出発点と言える「自分とは何者であるか」「人はいかに生きるべきか」を問いつづけます。また、その普遍的な命題を問いつづける大切さを習います。

ギリシャ古典文学なら、作品を読みながら古代ギリシャ時代の価値観や生活様式などを見つけ出す楽しさを習います。

物理学、化学、数学といった理系の学問は、科学的・理論的に事実を解明し、現実を理解しようとします。それによって私たちは「真実は至るところにある。われわれが気づいていないだけだ」ということを知ります。

美術史では、芸術作品を歴史、社会、宗教、文化、人間心理など多角的な観点から見て、その作品の評価や美術史上の位置付けをします。

こうした学問それぞれの考え方は、個人がさまざまな問題に対応してゆく中で、すべて役立つものです。

■ 授業のための勉強法

学問を話題にしたところで、学校での勉強法について記しましょう。

学校が自分にとって「ためになること」「興味深いこと」ばかりを習う場所ならよいのですが、必ずしもそうはいきません。また、「習うこと」とテストのために勉強することはイコールではありません。

私自身は、できるだけ同時に両方をするように心がけていました。つまり「ためになること」「興味深いこと」を勉強しながら、テストが近づけばテストの準備も行なうようにしました。とはいえ、特段「矢野祥の方法」と呼ぶような詳しい手順はありません。私は○○式とか××流というような考え方を好みませんし、そのような方法で勉強できるとも思えません。

私が大切にしたいのは、前述した「適応する能力」です。

以下に私の勉強方法を大枠で書いてゆきます。これを自分なりの勉強法に「適応」させていただくのが最良だと思います。

パズルのように情報を区切り、重要なものからつなぎ、まとめる

大学にはたくさんのクラス（課目）があり、それぞれのクラスでさまざまなことを習います。テストがありますし、それ以外にいくつも小論文を提出しなければなりません。勉強のためには時間がいくらあっても足らないほどです。しかも9歳で大学生になった私は、他の学生よりも時間を効率的に使う必要がありました。基本的には夜10時半に就寝するからです。

そこで私のとった方法は、まず対象となる情報（ものごと）をパズルのように区切ることでした。次にそれらの重要性を考えて並べ、並べた順に取り組みます。

① 自分が扱いやすいように、ものごとを区切る
② 区切ったものを重要度の順に分類し、並べる
③ その順番にしたがって取り組んでゆく

このプロセスは、勉強のスケジュールを立てるときも、授業の勉強をするときも、

小論文を書くときも、ほぼ同一です。

スイカを食べる方法を考えてみてください。大きなスイカを丸ごと両手で抱え、一口、また一口と食べるのはどうでしょう（厚い皮のことは無視します）。やればできないことはありませんが、たいへんです。それよりもスイカを包丁で小さく切って、それを一つずつ食べてゆくほうが楽です。しかも、よく熟している美味《おい》しそうな部分を先に食べることも可能です。

この「区切る・並べる・重要な順で取り組む」は、これまで繰り返し述べてきた「樹木なら、まず大きな幹をつかみ、次に枝を理解し、最後に細かな葉を付け足してゆく」アプローチと似ているでしょう。

小論文は着想から執筆、提出まで時間がかかりますから、やはり太い幹になるような主要な論点を構想することから始めました。早くから幹と枝をつくり、文章の骨組みを定期的に考えて、少しずつ葉となる細かな内容を付け足していったのです。そうすることで小論文の構想が頭に入り、提出期限前に一気に書き上げることができました。

授業の内容を把握するのも同じ方法です。私がまず理解しようと努めたのは、習っている内容の大きなコンセプトです。もちろん授業では細かな知識をたくさん習いますが、それらは「大きなコンセプト」に関連づけて、頭にまとめていくようにしました。細かな知識や情報は、すべて「コンセプト」から発生したり、関連したりしているからです。

授業で与えられた内容を一つひとつ順番に理解し、覚えようとしても無理です。スイカを丸ごと食べるのと同じです。また、先生の教える内容がうまくまとまっていなかったり、順番が飛んでいたりすることもないとは言えません。これでは関連づけができません。

まず基本事項・重要事項・基本コンセプトを習い、身につけること。そして少しずつ付け足すこと。この方法が効率的で、応用も利くはずです。

たくさんの授業内容を覚えようとして、闇雲《やみくも》に情報の記憶だけに走れば、勉強が面白くなくなります。そこには感動がなく、自分との関係性も見えてきません。そのため、さらに興味を削《そ》ぐことにつながります。逆に、大きなコンセプトさえつかめれば、それが新鮮な「習い」となって「ああ、そうだったのか。それなら、これはこうなる。あれもこうなるのか」と、興味や関心が広がって勉強自体が楽しくなります。

私はこのような勉強方法を主体にしました。そしてテスト近くになると、そのために必要な準備時間を設けました。そのときになって初めて練習問題を解いたり情報を記憶したりしたのです。

予習から始まる

大きなコンセプトを理解して勉強に取り組むには「予習」が欠かせません。私の場合、使用する教科書が決まっている授業なら、学期が始まる数日前には教科書を買って、ざっと読み通します。そして全体でどのようなことを習うのか把握します。この時点で私は、うれしくなっていました。自分の知らないことを習えると分かるからです。両親には「こんなことも習うようだよ」と話していました。

最初の授業のときに教授の説明を受け、さらにどういうことを中心に習い、どういう内容をとくに把握しなければならないかを理解します。ほとんどのクラスでは、1

冊のテキストを丸ごと全部把握するということはありません。複数のテキストを使い、それぞれのテキストから必要な部分を習うのが普通です。私はテキストを予習することで、習うべき内容の「幹」と「枝」が何なのかを把握することに努めました。

予習でコンセプトを理解しようとして、それでも理解できないところがある場合には、自分は何が理解できていないのかを明確にします。また、そのコンセプトはどんな意味を持つのか、どんなことに応用できるのか想像してみました。さらに今まで習ったことと比較し、その関連性を探ったりもしました。

授業中のメモは最小限でいい

教授は講義内容を話したり板書したりします。学生はそれをノートに筆記（メモ）してゆきます。しかし私は、教授の講義内容のすべてをメモすることはありませんでした。クラスごとに別々のノートを用意してはいましたが、それらのほとんどは何ページも白紙のままという状態です。

教授には失礼な話ですが、私は授業中、よく空想に耽《ふけ》りました。だからと言って、講義をまるで聴いていないわけではありません。講義を聴きながら空想もしていたのです。ただその空想の内容も、コンセプトを理解することと質問事項の整理が中心です。講義内容をノートに書く代わりに、その時間を空想に充てていたと言ってもいいでしょう。

したがって私のメモは最小限の量になるわけです。ノートに残るのは、何かのリストのような箇条書きか、簡単な走り書きや自作の説明図などでした。コンセプトを記すのですから長い文章にはなりません。ノートにではなく、テキストにそのまま書くこともありました。

予習をしたうえで授業中も質問事項（コンセプトに関連した質問）を考えていましたから、授業の最後になると、私は教授に遠慮なくたくさんの質問をしました。他の学生の質問を聞き、自分が理解しているかを確認します。そのうえで理解できていないと思うことを質問しました。

授業を終えると当然、復習をします。そのとき、自分の理解が足りなかった点をノートや本に書き出しました。あとはテストが近づいたときに、覚えなければならないことをテキストで覚えたという感じです。これも予習をしていたからこそで、コンセ

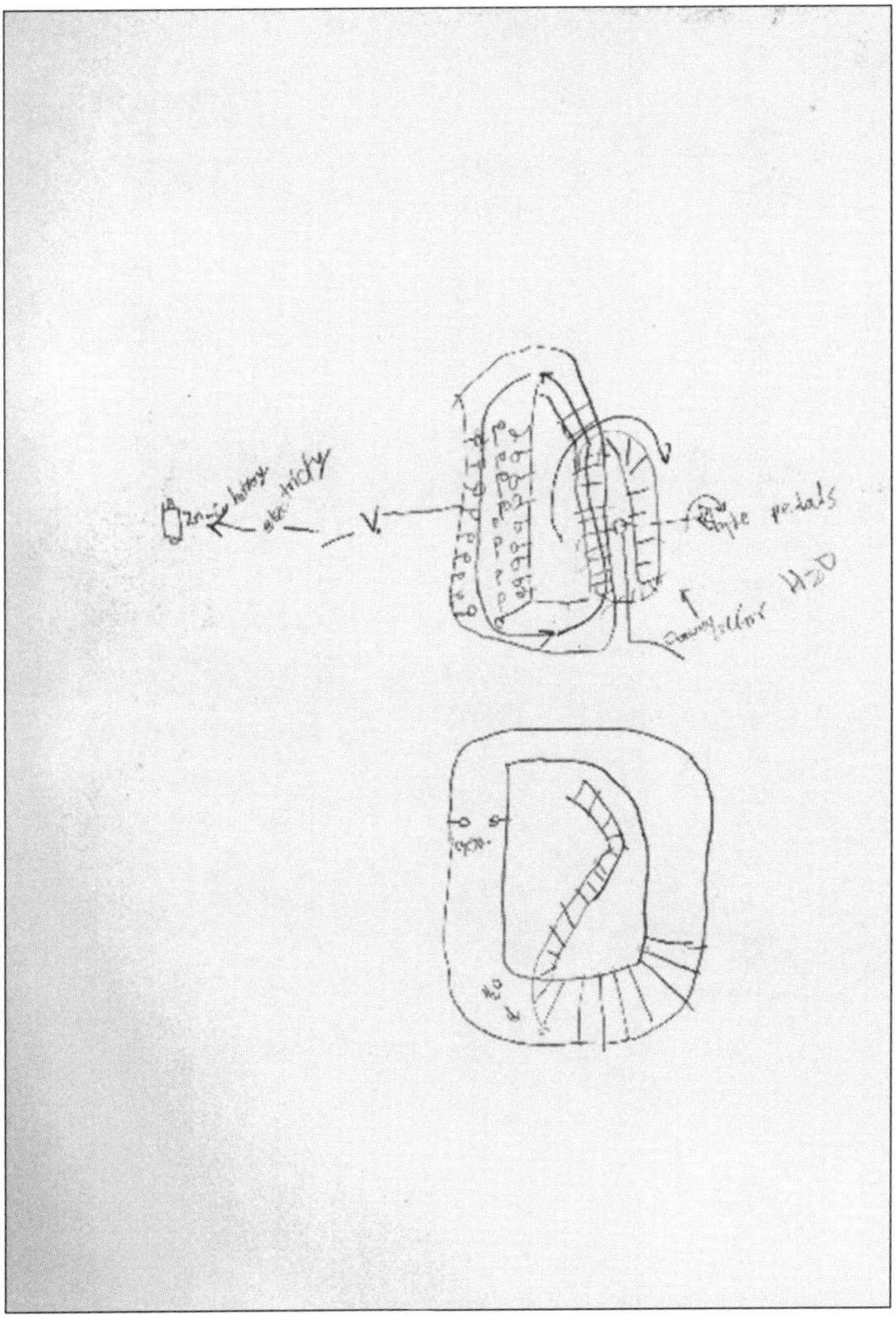

生物学の教科書に、自分なりに理解したことをイラストで描いた

プトを理解していれば「葉」を付け足すだけですし、新しいコンセプトを習ったおかげで勉強が面白くなり、そのため早く覚えることができたのだと思います。新しいことが習えれば、知らないことが見えてきます。だから期待して次の予習をします。自分主体の方法で学ぶことが楽しくなります。

「引き出し」から情報を取り出す

先に「情報をただ記憶するだけでは習ったことにならない」と書きました。ここで誤解してほしくないのですが、テストでは当然「記憶」が必要になります。私がテストに際してとったプロセスを紹介しましょう。

①出題される情報を頭に入れる（覚える・記憶する）
②問題に対して必要な情報を頭の中の「引き出し」から取り出す
③テストに答える

①の「情報を覚える」には、まず自分が忘れないような言葉やイメージ（映像など）を選び、それに記憶すべきことをくっつける方法が有効です。枝に葉を付け足すような感じですが、これは心理学の基礎クラスでも習うことで、「忘れないこと」と「覚えるべきこと」を関連づけて思い出しやすくするのです。

私自身は言葉のほうをよく覚えるタイプなので、イメージを使うことはありませんでした。私がよく行なったのは「ストーリー」で覚える方法です。

一つは「実際にあったストーリー」を知ることで覚えます。たとえば科学上の発見に関しては、次のような具合です。

＊ピロリ菌が胃潰瘍《かいよう》や十二指腸潰瘍の原因になると分かったのはなぜか？

←

自らピロリ菌を飲んだマーシャル博士という研究者がいたから。彼は胃潰瘍の患者から取り出したピロリ菌を飲み込み、本当に胃潰瘍になった。１９８４年のことだった。

これ以外にも、音が空気の振動によることをどのように明らかにしたか、その実験をストーリーで知ることで、音のメカニズムを覚えたりしました。

もう一つは、実際の出来事ではなく頭の中でストーリーを空想することです。習ったことが現実の世界で起きているように、自作のストーリー仕立てで覚えます。そうすると習ったコンセプトが実際の生活に生かされます。

ストーリーを使って記憶するときは、比喩《ひゆ》やたとえ話を多用するほうがいいでしょう。

「妻は怒った顔で夫の帰りを待っていた」

と事実を述べるより、

「妻は怒った顔で夫の帰りを待っていた。それはまるで蛇がとぐろを巻いて、獲物をにらみつけているようだった」

としたほうが面白く、忘れにくくなります。

また、単純な言葉遊びや語呂合わせによる記憶もよく使います。言葉の〝遊び〟ですから、面白ければ面白いほど効果的です。

一例を挙げてみましょう。恒星《こうせい》の分類方法の一つに、表面温度による分類（スペクトル分類）があります。天文学者のアニー・J・キャノンが確立した分類法で、星をアルファベットで10の型（タイプ）に整理しました。10の型を温度の高い星から冷たい星の順に並べると、こうなります。

O　B　A　F　G　K　M　R　N　S

これを覚えるとき、英語の一文に置き換えてみます。

Oh, be a fine girl; kiss me right now, sweetheart.
（かわいいお嬢さん、今すぐキスしておくれ。愛する人よ）

それぞれの単語の最初の文字が、「10の型」になっていることが分かるでしょう。

これは子ども向けの天文学の本に書いてあったことですが、宇宙飛行士もこのようにして覚えるのだそうです。

イメージや言葉やストーリーを使って情報を整理すれば、効率よく記憶することができます。そして何度も思い出し、繰り返すことで、情報を引き出しやすくします。

また、人は興味のないものや必要ないと思うものを覚えようとしません。興味のない授業で、たくさんのことを無理矢理記憶しろと言われるのは、誰にとってもたいへんです。ですから「学校で習ったことが覚えられない」のは、一概に記憶力が悪いというわけではないのです。

興味を持つためには、やはり、覚えなければならない内容と「自分」を関連づけること、そして好奇心を働かせ、習うことの喜びを知ることが大切だと思います。付け加えれば、集中すればするほどより少ない時間で勉強できますから、自分が集中できる環境をつくることが必要でしょう。もちろん十分に睡眠をとり、健康な体と落ち着いた心、そして「自分から習う」という自主の精神が勉強に欠かせないことは言うまでもありません。

すべてがあなたの先生になる

人間の一生には必ず終わりが訪れます。言い換えれば、その最後のときまで自分の旅は続いてゆきます。私たちは旅の途上で、どんな出来事に遭遇し、素晴らしいものに巡り合うのでしょう。それは誰にも分かりません。

私たちは毎日、一歩一歩前に進みながら、いろいろなことを感じ、考え、習い、変わってゆきます。「今の自分」が「明日の冒険」に向かいます。〝今〟会った人、見た自然、試みたこと、経験——すべてが〝明日〟のためでもあります。そう考えると、今がもっと大切になり、自分にとって大切な先生であることが分かります。先生は学校にいるだけではありません。人、自然、経験、自分の周りにあるすべてが先生なのです。

私たちはこの〝先生〟のおかげで、あらゆることを教わります。あらゆることが新鮮に見えて、次々に興味が湧いてきます。そして「分からない」ことがあれば、質問することで「分かっておきたく」なります。そう、自分が旅する冒険者であると自覚するだけで、主体性を持った旅人に変われるのです。

■ 読む・書く・考える

私が21歳という世界最年少で二つの博士号を持ったと聞くと、「きっと矢野祥は毎日、寝る時間以外は机に向かっているのだろう」と思われるかもしれません。しかしまったく違います。

たしかに本はよく読みますが、園芸の本やチェスの本から、シェークスピアやゲーテ、『三国志』や『源氏物語』、美術史、数学の本……とジャンルを問いません。私にとって読書は一人のときを過ごす大切な時間で、「勉強」という課題を与えられたような行為ではないのです。

私はテストのために何時間も繰り返し勉強したり、暗記用のカードを持ち歩いて勉強したりするタイプでもありません。テストには無関係の本を読んだり、何かをつくったり、ピアノを弾いたりして、勉強以外にかなりの時間を使っていました。他の人のようにテレビやゲームで遊ぶ時間を持たなかったため、その分が「娯楽」としての読書などに充《あ》てられたのです。

前述しましたが、9歳で大学に入ったころ、いくら宿題やテストがあっても夜の11

時を過ぎて勉強したことはありませんでした。両親が「もう寝る時間だよ。それ以上は勉強しなくていい」と言ってくれたからです。テコンドーなども習いながら、子ども時代を楽しく過ごしました。

では私が〝ガリ勉〟ではなく、特別な勉強法をしているのかと言えば、別にそうではないと思います。また、仮に私の勉強法をそっくり真似したとしても、一人ひとり置かれた環境や能力、学校の状況などが違いますから、うまくいかないでしょう。それに一人ひとり勉強の目的も違います。そう考えると、当然、勉強の仕方も個人個人で違って当然なのです。

しかし、どんな勉強もシンプルな三つの行為――「読む」「書く」「考える」がなければできないと思います。私が生まれてすぐ、両親は「将来、どんなことをするかは本人が決めればいい。しかし何をするにしても、読み書きだけはちゃんとできるように育てよう。読み書きが基本なのだから」と話し合ったそうです。

両親はその言葉どおり私を育ててくれました。よく「祥さんの恩師は誰ですか」と聞かれますが、私の恩師は両親です。

■ 立ち止まって感じること

「習う」ということは人間としての自然な欲求です。それなのに、人は「なぜ習うのか、習わなければならないのか」と、習うことがあたかも無理をした不自然な行為のように話します。

私は自分に鞭《むち》打ってまで「習う」ことはしていませんし、中毒状態で情報収集に狂っているわけでもありません。たとえるなら、画家がキャンバスの空白の部分を埋めたいと思う欲求に近いでしょう。そのレベル以上に「習うこと」を求めてはいないのです。

また、単にパワーを得るために知識を求めているわけでもありません。知識はパワーであるかもしれませんが、少しの知恵があれば、知識の持つパワーがいかに弱いものか気づくはずです。私たちは現実の世界を理解することも、コントロールすることもできていないということを知っています。たぶんそのような状況だからこそ、私たちは「コンセプト」や「知識」がつながって「理解」できるときに喜びを感じるのでしょう。

私たちはこの世界で「ものごとの意味」やその説明を探求しつづけます。それが好奇心であり、「習いたい」という欲求です。

「習う」ことは人生において経験の中心となるものです。

自分の周りの世界を見て、惹《ひ》きつけられ、それが何かという真実を知ることです。「立ち止まって、バラの香りを感じてみる」ことです。そしてもっと習えばもっと新しいものに「惹きつけ」られ、新しい何かに「気づき」、自分が変わっていきます。自分が変わることで世界が変わっていきます。

つまり、習うことは根本的に楽しく、喜ばしい活動なのです。

【家族から③】「9歳の大学生」の現在──矢野 桂（父）

●自分の好きなことに打ち込む

息子の祥も今は22歳になり、社会人として病院で働いています。親の私にとっては、祥が生まれたときのこと、赤ん坊でニコニコ、よちよち歩きしていたことなど、本当についこの間のことのように鮮やかに思い出されます。

私は社会人生活のほとんどをサラリーマンとして送ってきましたが、親というものは誰でも、子どもが「自分の好きなこと」を見つけ、それをしながら生きていける人生を祈るのではないでしょうか。そして人生の中で自分の能力を最大限に生かし、少しでも世の中に役立つことができればと願うものだと思います。

あるとき、クリスティー・ヤマグチさんのお話をうかがう機会に恵まれました。ヤマグチさんは日系アメリカ人として初めて、オリンピックのフィギュアスケートシングルで金メダルを獲得した選手です。彼女は「幼いうちに自分が好きなこと（スケート）を見つけて、それに打ち込めたことがいちばん幸運だった」と話していました。祥も早いうちから自分の好きなこと（医学の研究と医療）を見つけ、それに打ち込むことができました。さまざまな面で助けてくださった皆さんに感謝の言葉もありません。

祥は本文で自身が書いているように、今は小児科と神経科の二つの専門医の資格を取るべく医者として働いています。患者さんの生死に関わるICU（集中治療室）や緊急病棟に詰めることもあれば、学生の健康診断やコミュニティーセンターの訪問をすることもあります。また先輩や同僚、看護師、患者の方々と交わりながら、いろいろなことを学び、充実した毎日を送っています。

不規則な勤務時間に加え、丸1日寝ないこともあるなど心配していましたが、彼は自分で起き、遅刻することなく病院に行っています。12年前に『僕、9歳の大学生』を出版するころ、新しく学んだことをいつも話してくれていましたが、そのときと同じように、今度は病院で経験したことを熱心に教えてくれます。彼から話を聞いていると、若く純粋な気持ちを持ち、全力で仕事に向かっている姿が分かり、「この仕事が祥に合っていて本当によかった」と思います。親としては、「無理しないでいい。自分を大切にして体を壊さないでほしい」と祈るばかりです。

●患者の死に直面して

患者さんやその家族と接していると、病気、怪我の治療だけでなく、それ以外の問題も見えてくるようです。

今は18歳未満の人を診《み》る小児科に勤務していますが、小児科では患者本人のみならず、その両親や祖父母、学校教育の関係者、ソーシャルワーカー、警察官、さらには他の病院の医師たちとも関係することになります。

年若い患者さんに、かつての自分を重ねることもあるのでしょう。患者さんの境遇と自分とを比べて、私たち親に感謝の気持ちを覚えることもあるそうです。

たとえば、親の不摂生が原因で生後長くは生きられなかったり、障害を持つ赤ちゃん。医者から「お子さんの病気には非常に大切な薬ですから、ちゃんと与えてください」と言われ、「分かりました」と答えていても実際には薬を与えていない親。虐待をしているのに「まったく知らない」と、とぼける親。生まれたばかりの赤ちゃんに、あるべき体の部分がなくても気づかない親……。

祥自身も本文でこうした事実を明らかにしていますが、彼はそれに直面しても、患者さんや親を責めはしません。むしろ、そんな状況を解決できない教育制度や社会制度などに不満を持っているようです。

多くの人が医療保険に加入していないので、治療がほとんど手遅れの状態になるまで病院に来ません。また、他の大学病院から「うちでは手に負えない」という患者さんをシカゴ大学病院に送ってきますが、それには治療技術の水準以前の問題もあるようです。たとえば保険を持たない患者の医療コストが減る、患者の生存率など病院のランキングにかかわる数字が落ちない、といったことです。本来、病院での治療と関係ない要因が、間接的であるにせよ影響しているのだそうです。

ＩＣＵでは、どうしても命を失う患者を診ることになります。自分が担当者の一人の場合は、やはりとても悲しいようで「何が問題だったのか。他に何かできることはなかったのか」と、長く自問自答していました。

家に帰ると、そういうときは黙り込んでピアノの前に座り、何冊もの楽譜を引っ張り出して曲を弾いています。横になってずっと本を読んだり、インターネットで調べものをしたりすることもあります。

たまの休みには一人でシカゴ美術館に出かけたり、コンピュータを自作したり、植物を種から育てたり、といったところでしょうか。少ない時間の中で気分転換を図っているようです。

●母親と似てくる

母親とは口げんかすることもありましたが、私と娘の意見では、それは祥と母親の性格が似ているからです。以前は、所かまわず鼻歌（それも子ども向けの歌）を歌ったりする母親に対し「ちょっと恥ずかしいから静かにして」などと言っていましたが、今は気にしなくなりました。「僕は性格がお母さんと似ている」と自分で認めるようになり、私も娘も驚いています。ただし母親が困っているときに、どんな頼みでも聞くのは昔から変わりません。

父親である私とは、男同士で気を遣うこともありません。女性陣（妻と娘）がスーパーで買い物する時間は一緒に車の中で休みます。古本を一緒に買いに行ったり、日本語の小説について話したりもします。今は私のほうが息子に質問することが多く、「頭にはタンコブができるのに、どうして他の体の部分にはできないのか」と素朴に聞いたこともありました。

妹とは友人のように音楽や勉強について話し合っています。祥自身が「妹をください」と祈ったこともあり、「お父さん、お母さんに何かあっても二人仲よく助け合う」という気持ちはずっと変わっていません。

祥に対して、妻（祥の母親）は「あまり周囲のことに気を遣わないで、嫌われてもいいから、もっと自分の意見を強く言ったほうがいい」と言いますが、それも私は「心配しなくても祥は君と似ているから、もう少しすればどんどん意見を言うようになるよ」と話しています。娘も同感のようです。

私には「9歳の大学生」のときと変わらない、自然体で、一生懸命で、やさしい祥です。

エピローグ

■一人の時間で自分を見つめる

私たちは人間ですから、疲れることも、飽きることも、嫌になることもあります。遊園地にいるときのように、ただ待っているだけで向こうから娯楽を与えてもらえるわけではありません。

自分が思うようにはものごとが運びませんし、他人が自分のことを本当に分かってくれたりはしません。また、明日何が起きるか、誰も分かりませんから、心配の種が尽きることもありません。それに病気や死といった、逃れることのできない苦しみや悲しみがあります。

もちろん私たちは、それぞれ自分なりのストレスに対応するメカニズムを持っています。私は、自分を笑い飛ばせるようなユーモアを持つように努力して、ストレスに対応しています。それでも、行き詰まった気持ちになるときがあります。もし「行き詰まったなあ」と感じたら、どうしたらいいのでしょう。

手がかりは「自分を大切に思い、静かに自省すること」だと思います。

アリストテレスの『ニコマコス倫理学』によれば、高潔《こうけつ》な人（a high-minded man）は、自分のことをありのままに、事実として正確に判断するそうです。自分を「事実」以上によくは見ず、また事実より見下げることもしません。

自分を見失っていないか、毎日静かな一人の時間を持って自省したいものです。そうやって静かな心を持つことができれば、「私は今、何かに怒っているようだ」「疲れているようだ」「誰かを妬《ねた》んでいるようだ」と、心が話しかけてきます。すると自分が今、何をすべきか自然と分かってきます。

もしも自分が以前の自分より悪く思えて、自分が嫌になるときは、自分に何らかの嘘をついたり、後ろめたいことがあるからかもしれません。自分らしくない振る舞いをしなければならないとか、間違ったことや嫌なことを我慢しているからかもしれません。人生の目的は「自分の理想」に向かって生きることです。

私は、子どものころから他の人と違う「異常」人物でした。私の妹も同じです。異常人物は、残念ながら他の人から恐れられ、遠ざけられます。ステレオタイプの偏見に基づいて「祥は私たちと違う」「祥のような人間は見たことがない」と思われるのです。

しかし考えてみれば、あなたも「異常」なのです。いえ、「異常」でない人など存在しないのではないでしょうか。程度の差こそあれ、誰も他者とは違った部分を持っています。あなたが、他者と違うところをそのまま単身で生きることにするか、他者と同じように「ノーマルに」振る舞って生きることにするか。その選択によって「異常」と思われるか思われないかが変わるだけなのです。


私は他人の判断基準で自分を測ることを、つねに拒否してきました。自分がよくやったかどうか、あるいはできなかったか。それを最も分かるのは自分自身です。自分自身で自分を褒めるほうが、１００人の他人が褒めるよりもずっと価値があります。

他人と自分を比較しはじめると、自分を失ってしまうことも多いでしょう。自分と他人はもともと違うのですが、いったん比較が始まれば「他人よりも上にいなければ我慢できない」か、「他人より劣っていると知って落ち込んでしまう」かのどちらかになります。

競争に勝つことや、他人より強い影響力を持とうとすること自体は１００％悪いと言い切れません。競争もせず、他者や社会に何の影響も与えないのであれば、生きがいのない人生です。ただ、他人との比較に集中せず、他人のよい部分は認め、それ以上に自分のよいところを認めて、それをよりよくしようと努力したいものです。

何でも「他人のせい」にして腹を立てる人がいますが、これも他人ばかりを見ているからです。自分自身を見ていません。

《誰もが世界を変えることを考えるが、自分自身を変えることを考える人は一人もいない》

これはトルストイの言葉ですが、まさにそのとおりでしょう。まず自分自身を見つめて、自分を変えること。そこから「世界を変える」第一歩が始まるのです。

■失敗を責めない

思うような結果が出なかったとき、私たちは「自分は失敗した」と考えます。しかしそれは間違いです。「失敗した」というのは、本来「すべきでない行動をした」ことであって、思うような結果が出なかったのには自分自身以外の要因があります。行動と結果は別のものなので、結果が期待したものと違ったからといって「自分は失敗者だ」「僕はどうしたんだろう」と、あたかも自分がおかしいように決めつけるのはよくありません。

実際、この世で本当に自分がコントロールできるのは、自分の頭の中の世界だけです。でもその頭でさえ、体調などに影響されます。ということは、「失敗した」「できない」などと、自分を見下げるような思い（アイデア＝idea）があなたの頭を埋めるときは、別の思いで対抗する必要があります。

エジソンは次のようなことを述べています。

《何かが計画どおりにいかなかったからといって、今までしたことがすべて無駄にはならない。それは成功に一歩近づいたということだ》

１０００回の実験をして、１０００回目にやっと成功したとしても、それまでに行なった999回の実験は失敗ではないという意味です。999回の実験は、最後の成功に到達するための道のり、途中経過だったのです。

また、聖書には「神は克服できる人だけに試練を与える」(『コリント人への第一の手紙』10章13節)とあります。「疲れ果てて、もう諦《あきら》めたい」と思うこともあるでしょう。しかし、越えられない山はないのです。疲れるほど「頑張った」のであれば、そういう自分を褒めてあげるべきです。

思うような結果が出なかったのは「失敗」ではないのです。失敗とは結果のことを指すのではありません。前述したように「失敗」は自分の行動に関することです。私にとっては「全力を尽くしたかどうか」が判断の基準となります。

全力を尽くしたのなら、それは失敗ではありません。ただし、よい結果が出なかったときに「僕は全力でやったからいいんだ」と、言い訳にするのは許されません。

結果が思うように出なかったのには、原因があるはずです。「何をどうやったから、こういう結果が出た」ということを冷静に分析し、「また同じ結果にならないためにはどうするべきか」を理解して実行しましょう。そうすれば同じ結果が出ることはありません。

多くの人は、このように自分の行動を見つめることを怠《おこた》っているのではないでしょうか。「自分は本当に全力でやったか」「他にできることはなかったか」と考えず、その代わり感情的になって「俺はダメなやつだ」と自分を見下げ、落ち込むことを選択しています。そしてしばらく落ち込んだ後、また起きたことを忘れ、気にしなくなります。

もしかしたら、そのほうが楽に感じるのかもしれません。自分の行動を分析して、自分を変えようとするのは難しいと本能的に感じるのでしょう。しかし、この難しい道を選ぶほうが、納得し満足できる人生を歩めるのです。

■ 勇気とは何か

《失敗したことがない人間は、何も新しいことに挑戦したことがない人間だ》

アインシュタインはこのように語ったそうです。多くの人が言うように、自分が諦めなければ失敗は成功への道のりであり、すべての人が失敗を経験します。私たちが壁にぶつかったとき「もうダメだ」と諦めたり、初めから挑戦を止《や》めてしまうのは、多くの場合、失敗を笑われることや周囲から「失敗者」とレッテルを貼られることを恐れているからです。

失敗するリスクを考えて、「僕には勇気がないから」などと都合のよい理由を言う場合もありますが、安易に「勇気」という言葉を使うべきではないでしょう。勇気のある人とは、リスクを承知で、なおかつ挑戦する人のことです。それは単なる「怖いもの知らず」ではありません。

どんなことでも努力すれば、今以上にできるように上達します。全力を尽くしてゆくかぎり、そこに「失敗」はあり得ません。私のクラスメートの一人は色盲者《しきもう》（色覚《しきかく》異常）でしたが、素晴らしい絵を描いていました。色の識別ができないからといって、絵を諦める必要はなかったのです。

私は大学院で「音痴でどうしようもない」という人たちをチェックしてみたことがありますが、医学的に本当の「音痴」の人はいませんでした。自分で「ダメだ」と思い込んでいることがほとんどなのです。

NBAで「バスケットボールの神様」と呼ばれるマイケル・ジョーダンが、こんなことを言っていました。

《恐れという制限は、しばしば幻想にすぎない。私は勝つためなら何でもする》

勝ちたい。

目標を達成したい。

そのためには何をやってもいい。

ジョーダンの言葉は、「他人が自分のことをどう思おうとかまわない。自分のことに集中している。そういうときは恐れもなくなっている」ということでしょう。肝心なのは、自分が心から「達成したい」と思うことです。

その意味では、9歳で大学生になり、12歳で大学院に入った私も、他人のことは気にしませんでした。ただ純粋に「自分がやりたいこと」だったので、達成することができたのだと思います。

■道は開ける

どう周りを見渡しても、これ以上は不可能だという状況。たとえそうした状況に陥っても、諦めずに進めるような自分でありたいと願っています。聖書は「失敗しても繰り返し挑戦できる」ことを教えています。

私の父は、瀬戸内海の小さな島で一人息子として生まれました。父の母（私にとっての祖母）は、「男として大きなことをするには島を出て行きなさい」と小さいころから父に教えたそうです。周りを見て「可能性ゼロ」と考える前に、パラダイム（社会を支配するものの考え方）を変えてみる。価値観を変えて見てみれば、今までと違う土俵に立つこともできるのです。

「自分の中にいる自分」が本当に納得して、全力でやっていることがあるならば、たとえ周囲が大反対でも、簡単には諦めないでいてください。自分が自分を応援しています。

私たちは日々刻々、変わっています。自分からどんどん変わってゆく決断さえあれば、必ず道は開けます。

本書はすべて英文で書かれた原稿を矢野桂氏が日本語訳したものです。

切りとり線

★読者のみなさまにお願い

この本をお読みになって、どんな感想をお持ちでしょうか。祥伝社のホームページから書評をお送りいただけたら、ありがたく存じます。今後の企画の参考にさせていただきます。また、次ページの原稿用紙を切り取り、左記編集部まで郵送していただいても結構です。

お寄せいただいた「100字書評」は、ご了解のうえ新聞・雑誌などを通じて紹介させていただくこともあります。採用の場合は、特製図書カードを差しあげます。

なお、ご記入いただいたお名前、ご住所、ご連絡先等は、書評紹介の事前了解、謝礼のお届け以外の目的で利用することはありません。また、それらの情報を6カ月を超えて保管することもありません。

〒101—8701（お手紙は郵便番号だけで届きます）
祥伝社　書籍出版部　編集長　岡部康彦
電話03（3265）1084
祥伝社ブックレビュー　http://www.shodensha.co.jp/bookreview/

◎本書の購買動機

________新聞の広告を見て	________誌の広告を見て	________新聞の書評を見て	________誌の書評を見て	書店で見かけて	知人のすすめで

◎今後、新刊情報等のパソコンメール配信を　　希望する　・　しない
（配信を希望される方は下欄にアドレスをご記入ください）

@

※携帯電話のアドレスには対応しておりません

１００字書評

ＩＱ２００の「学び」の方法

住所

名前

年齢

職業

読《よ》む・書《か》く・考《かんが》える
IQ200の「学《まな》び」の方法《ほうほう》

平成25年8月10日　初版第1刷発行

著　者　矢《や》野《の》　祥《しょう》
発行者　竹内和芳
発行所　祥《しょう》伝《でん》社《しゃ》
〒101-8701
東京都千代田区神田神保町3-3
☎03(3265)2081(販売部)
☎03(3265)1084(編集部)
☎03(3265)3622(業務部)

印　刷　堀内印刷
製　本　ナショナル製本

ISBN978-4-396-61455-3 C0095
祥伝社のホームページ・http://www.shodensha.co.jp/

祥伝社のベストセラー

丁寧を武器にする
——なぜ小山ロールは1日1600本売れるのか？

「常識」ではない〝当たり前〟を徹底せよ！「情熱大陸」出演！
世界を驚かせたパティシエ。その仕事哲学のすべて。

小山　進

もう会社に頼らない。SNSブランディングという生き方

「Job Hunting3.0」で人生を変える！　3年後大きな差がつく行動マニュアルを
初公開。ごく普通のサラリーマンがキャリアアップし続ける「成功の手順」とは？

福島清史
坂口茂樹

人見知り社員がNo.1営業になれた私の方法

繊細な人ほど、「セールス」に魔法がかかります。1万人の営業マンを育て続け
てきたコンサルタントが、自らの経験とともに教える「誰でも結果を出せる方法」

長谷川千波

祥伝社のベストセラー

ファーストクラスに乗る人のシンプルな習慣

3%のビジネスエリートが実践していること

そうか！　成功したかったら、成功者の真似をすればいいんだ。
CAだけが知っている、彼らの共通点とは？
「人生逆転」「商売繁盛」のヒントが満載！

美月あきこ

東大の先生が
ハーバードで実践した

人を動かす技術

あなたの話はなぜ「伝わらない」のか？　新進気鋭の研究者が初公開！
ビジネスの現場で使える「コミュニケーションの極意」

西内啓

「第二の脳」のつくり方

すべてが上手くまわり出す

「フロー理論」

『スラムダンク勝利学』の著者が生んだ最高のパフォーマンスを引き出す仕組み！
「常にフローな心の状態」を自分でつくる超実践的なスキル。

辻秀一